***ACCESO GRATIS** a la Lectura en la Nube*

Para visualizar el libro electrónico en la nube de lectura envíe junto a su nombre y apellidos una fotografía del código de barras situado en la contraportada del libro y otra del ticket de compra a la dirección:

ebooktirant@tirant.com

En un máximo de 72 horas laborales le enviaremos el código de acceso con sus instrucciones.

La visualización del libro en **NUBE DE LECTURA** excluye los usos bibliotecarios y públicos que puedan poner el archivo electrónico a disposición de una comunidad de lectores. Se permite tan solo un uso individual y privado

PARTICIPACIÓN CIUDADANA Y ESTATUTO DE AUTONOMÍA EN LA COMUNIDAD VALENCIANA

PARTICIPACIÓN CIUDADANA Y ESTATUTO DE AUTONOMÍA EN LA COMUNIDAD VALENCIANA

Directora:

RAQUEL VALLE ESCOLANO

Coordinador:

ÁNGEL GUILLÉN PAJUELO

tirant lo blanch

Valencia, 2025

En caso de erratas y actualizaciones, la Editorial Tirant lo Blanch publicará la pertinente corrección en la página web www.tirant.com.

Obra subvencionada a través de la Convocatoria de subvenciones destinadas a las universidades de la Comunitat Valenciana para la realización de actuaciones en materia de fomento del autogobierno, desarrollo del Estatuto de Autonomía, Derecho Foral Civil Valenciano y señas de identidad del Pueblo Valenciano en el ejercicio 2024 de la Genralitat Valenciana.

Directores de la Colección:

ISMAEL CRESPO MARTÍNEZ

Catedrático de Ciencia Política y de la Administración en la Universidad de Murcia

PABLO OÑATE RUBALCABA

Catedrático de Ciencia Política y de la Administración en la Universidad de Valencia

EDITA: TIRANT LO BLANCH
C/ Artes Gráficas, 14 - 46010 - Valencia
TELFS.: 96/361 00 48 - 50
FAX: 96/369 41 51
Email: tlb@tirant.com
www.tirant.com
Librería virtual: www.tirant.es
DEPÓSITO LEGAL: V-2330-2025
ISBN: 979-13-7010-186-2
MAQUETA: Tink Factoría de Color

Si tiene alguna queja o sugerencia, envíenos un mail a: *atencioncliente@tirant.com*. En caso de no ser atendida su sugerencia, por favor, lea en *www.tirant.net/index.php/empresa/politicas-de-empresa* nuestro procedimiento de quejas.

Responsabilidad Social Corporativa: http://www.tirant.net/Docs/RSCTirant.pdf

Autores:
MELANY BARRAGÁN MANJÓN
ANNA BUCHARDÓ PARRA
JORGE CASTELLANOS CLARAMUNT
ÁNGEL GUILLÉN PAJUELO
ANA IBARZ MORET
JOAQUÍN MARTÍN CUBAS
IVÁN MEDINA IBORRA
RAQUEL VALLE ESCOLANO
MARIANO VIVANCOS COMES

Índice

ALIANZAS PARLAMENTARIAS ENTRE NUEVOS PARTIDOS Y GRUPOS DE INTERÉS EN ESPAÑA DURANTE LOS AÑOS 2016 Y 2021

Iván Medina Iborra

PARLAMENTOS ABIERTOS: UN NUEVO MODELO DE TRANSPARENCIA PARA UNA DEMOCRACIA REPRESENTATIVA RENOVADA

Raquel Valle Escolano

LA PARTICIPACIÓN ELECTORAL EN LA COMUNIDAD VALENCIANA

JORGE CASTELLANOS CLARAMUNT

LA PARTICIPACIÓN CIUDADANA EN EL GOBIERNO LOCAL

JOAQUÍN MARTÍN CUBAS

LA "INICIATIVA CIUDADANA" EN LA LEY 4/2023 DE PARTICIPACIÓN CIUDADANA: BALANCE Y PERSPECTIVAS DE FUTURO

MARIANO VIVANCOS COMES

PARTICIPACIÓN CIUDADANA EN MEDIOS DIGITALES

MÉLANY BARRAGÁN MANJÓN

PARTICIPACIÓN CIUDADANA EN LA ESFERA DIGITAL: DESAFÍOS Y OPORTUNIDADES PARA LA ADMINISTRACIÓN PÚBLICA

Ana Ibarz Moret

LA INFLUENCIA DE LOS STAKEHOLDERS INSTITUCIONALES Y LOCALES EN LA PROMOCIÓN DEL EMPLEO EN EL TERRITORIO: ALGUNOS EJEMPLOS EN LA COMUNITAT VALENCIANA

Ángel Guillén Pajuelo

DON'T STOP ME NOW. NUEVAS POSIBILIDADES Y ALGUNOS RETOS PARA LA PARTICIPACIÓN DE LAS PERSONAS CON DISCAPACIDAD EN LA COMUNITAT VALENCIANA

Anna Buchardó Parra

Alianzas parlamentarias entre nuevos partidos y grupos de interés en España durante los años 2016 y 2021

IVÁN MEDINA IBORRA
Profesor Titular de Ciencia Política y de la Administración
Universitat de València

I. INTRODUCCIÓN

La literatura sobre los nuevos populismos en Europa ha crecido a una velocidad asombrosa en los últimos años. Mientras los partidos de extrema derecha conseguían resultados electorales impresionantes en algunos países del sur y centro de Europa, la crisis económica de 2008 catapultó a los partidos de nueva izquierda a posiciones de gobierno en países como España (Podemos) e Italia (Movimiento 5 Estrellas). Desde entonces, el cambio en los sistemas de partidos ha sido favorable a las opciones de los extremos ideológicos en toda Europa y, con ello, la ciencia política se ha preocupado por el auge de los discursos de agitación social que proponen proyectos políticos iliberales y disruptivos. En términos de organización, los nuevos partidos siguen modelos novedosos como los partidos-movimiento (Kitschelt, 2006), los partidos sin miembros (Mazzoleni y Voerman, 2017) o los partidos empresas (Hopkin y Paolucci, 1999). A diferencia de los partidos socialdemócratas y conservadores tradicionales, la relación de los líderes de estos nuevos partidos con los militantes, y especialmente con los grupos de interés, es bastante problemática. En algunos casos, la concentración de poder en manos de sus líderes impide a la sociedad civil forjar alianzas con estos partidos. Los grupos de interés son vistos como amenazas por ser parte de una supuesta clase dominante. En otros casos, los grupos de interés pueden mostrarse reacios a contactar con partidos radicales que podrían poner en peligro sus interacciones con partidos moderados.

¿Por qué debe preocuparnos esta relación entre los nuevos partidos y los grupos de interés? En primer lugar, porque autores relevantes destacaron el papel de los promotores externos (sindicatos, Iglesia, asociaciones ecologistas) en la creación de partidos políticos (Key, 1964). También existe literatura sobre la capacidad de ciertos grupos para definir ideológicamente a los partidos, como los grupos de mujeres o los afroamericanos en el caso del Partido Demócrata en Estados Unidos. La literatura también hace referencia a la creación de coaliciones de políticas públicas en las que los partidos políticos buscan aliados en el ámbito profesional o social para el desarrollo de acciones orientadas a un proyecto político (Schlager, 1995). En segundo lugar, porque existe una creciente preocupación académica por la erosión gradual de la función de intermediación de los partidos. Se sostiene que los partidos políticos han perdido contacto con las asociaciones representativas en sectores sociales clave y, por lo tanto, su capacidad de diálogo con los intereses organizados. Y, en tercer lugar, porque en tiempos de redes sociales y partidos-cartel, parece que el activismo político individual ha diluido de alguna manera el impacto del activismo basado en asociaciones dentro de los partidos (van Biezen y Poguntke, 2014). Por lo tanto, es una pregunta relevante averiguar si los nuevos partidos, incluidos los partidos populistas, continúan forjando alianzas institucionales con grupos de interés.

¿Por qué debería preocuparnos la interacción entre partidos y grupos en el ámbito parlamentario? Por un lado, el debate sobre la regulación de los grupos de interés en los países europeos se ha centrado en la necesidad de hacer transparente el proceso legislativo, partiendo del supuesto de que los grupos desestabilizan la función representativa de los parlamentos (Eichenberger et al., 2021). Los parlamentarios pueden estar insatisfechos con las presiones de grupos contrarios a sus ideales, pero buscan el apoyo de los grupos que representan y defienden sus propuestas políticas. Por otra parte, la formación de coaliciones parlamentarias entre partidos y grupos de interés nos permite mejorar nuestra interpretación del cambio en los sistemas de partidos. Necesitamos entender la dinámica institucional de los nuevos partidos, más allá de preocuparnos por el apoyo electoral o su contribución al clima emocional de la opinión pública. Si bien los vínculos formales pueden estar desapareciendo, los partidos mantienen vínculos fuertes e informales con los grupos de interés durante el proceso de formulación de políticas.

Este capítulo examina las alianzas de Podemos, Ciudadanos y VOX con grupos en el Congreso durante el periodo 2016-2021. El Congreso desarrolla buena parte de sus funciones en comisiones parlamentarias, en las que los grupos parlamentarios invitan a personas de todo tipo a compartir sus puntos de vista sobre cuestiones concretas. Es habitual la comparecencia de expertos y de representantes de grupos de interés en las comisiones parlamentarias, después de que los órganos de gobierno de dichas comisiones (Mesas), considerando el peso relativo de cada partido político, acepten las propuestas de intervención planteadas por los partidos políticos. La web del Congreso ofrece la relación de las comparecencias parlamentarias que los partidos han elaborado y si la propuesta es aceptada o rechazada. Conviene señalar que la información que se ofrece en la web hace prácticamente imposible en ocasiones saber qué partido ha propuesto a un experto, por lo que la comisión actúa como una entidad en sí misma. Sin embargo, esta estrategia de investigación es válida porque recoge datos originales sobre la actividad parlamentaria, permite distinguir entre las propuestas que son aceptadas y rechazadas, permite distinguir entre el tipo de comisión (y los temas), y ofrece información sobre las asociaciones que participan. Fue necesario un trabajo adicional para indicar las características de los grupos de interés (tipología, modelo organizativo) y agrupar temáticamente las comisiones parlamentarias. La mitad de las comparecencias fueron aprobadas por los órganos de gestión de la comisión, lo que refleja el poder de las mayorías parlamentarias. En todo caso, las propuestas firmadas individualmente por los grupos parlamentarios son de especial interés para esta investigación en la medida en que invitan a expertos o asociaciones afines sin contar con el aval de otros partidos. Estas propuestas pueden ser aliados potenciales (expertos o asociaciones) para la defensa de su posición política.

II. PARTIDOS POLÍTICOS Y GRUPOS DE INTERÉS EN EL ÁMBITO PARLAMENTARIO

En las últimas décadas, un gran número de académicos se han preocupado por el declive electoral y la crisis de legitimidad de los partidos tradicionales (Lisi et al., 2019). La evidencia empírica indica que los vínculos formales entre los partidos políticos y los sindicatos y las asociaciones empresariales han desaparecido. Dado que ahora los partidos políticos gozan de autonomía organizativa y financiera (Allern y Bale, 2012), el número de partidos políticos que continúan manteniendo un anclaje estatutario con asociaciones hermanas es muy pequeño. Los partidos son actualmente mucho más heterogéneos ideológicamente que en el pasado. Biezen et al. (2012) argumentaron que estamos presenciando una crisis de los partidos, especialmente en lo que respecta a su función de intermediación, dadas sus dificultades para consolidar relaciones formales con los grupos de interés. Las instituciones se han convertido en la principal fuente de recursos para los partidos mayoritarios. Se argumenta que la interacción entre partidos y grupos ahora sigue una lógica impulsada por políticas, lo que significa que los partidos políticos están dispuestos a fortalecer sus vínculos con los grupos de interés cuando los temas políticos les genera beneficios electorales (Allern et al., 2021; Roed et al., 2024).

Desde la perspectiva de los partidos políticos, el principal argumento para crear alianzas entre partidos y grupos de interés está relacionado con la ideología (Fine, 1994; Victor y Reinhardt, 2018), y la legitimación de procesos internos (preparación de listas electorales, campañas electorales). Al establecer alianzas fuertes con grupos que comparten la misma agenda, los partidos logran apropiarse de ciertos temas ante la opinión pública (Heaney,

2010; Walgrave et al., 2015; Seeberg, 2017). Como los partidos han dejado de recurrir a la clase social como mecanismo de identificación (Horn et al., 2020), el patrocinio partidista de asociaciones afines es un recurso para que los partidos hablen a votantes sensibilizados con un tema específico. Los partidos quieren hablar de los temas que son suyos, arrastrando a sus competidores a posicionarse en temas críticos en términos electorales.

Así, en teoría, los partidos conservadores mantienen interacciones de cooperación con entidades religiosas, asociaciones empresariales y grupos tradicionalistas, mientras que sus vínculos con entidades de defensa de los derechos humanos y sociales y con sindicatos son conflictivos. En España, el Partido Popular ha estado colaborando estrechamente con la Asociación de Víctimas del Terrorismo (AVT) desde hace años, así como con la iglesia católica (Aguilar, 2012). Los socialdemócratas han estado reconstruyendo sus alianzas tradicionales con los sindicatos, con mayor o menor éxito en toda Europa (Aylott, 2004; Anthonsen et al., 2011). Los nuevos partidos de izquierda nacidos de las movilizaciones sociales extienden sus raíces a plataformas de protesta sobre temas relacionados con la juventud, la vivienda, los recortes en los servicios públicos y los nuevos derechos sociales y civiles. Otros estudios han documentado los vínculos entre grupos culturales, asociaciones que promueven las lenguas regionales y grupos empresariales con los partidos nacionalistas. Por ejemplo, los partidos nacionalistas catalanes (Junts, ERC, CUP) han reforzado sus alianzas con asociaciones culturales y soberanistas como Òmnium Cultural y la Plataforma en defensa de la llengua (Narotzky, 2019). En este sentido, esperamos que (H1) las comparecencias parlamentarias reflejen la posición temática de los nuevos partidos en áreas políticas específicas con la promoción de grupos de interés no mayoritarios, que generalmente son designados por los partidos mayoritarios.

Un argumento secundario aborda los vínculos organizacionales. Es probable que los grupos de interés con ideas afines aporten recursos a los partidos políticos en términos de candidatos, financiación, acceso a votantes de nicho, etc. (Herrnson, 2009; Manento, 2021). En algunas ocasiones, como Barberà et al. (2019) comentaron, en el caso de España los movimientos cívicos son el origen de nuevos partidos. Podemos tiene raíces en asociaciones como Democracia Real Ya, la Plataforma de Afectados por la Hipoteca o Juventud Sin Futuro que se crearon tiempo antes de empezar el 15M. Los principales dirigentes de VOX provienen de la Fundación para la Defensa de la Nación Española (DANAES), así como de pequeños partidos locales de extrema derecha. Una vez que los partidos han llegado a las instituciones, el debate se establece a nivel de la autonomía del partido en relación con las asociaciones, y el beneficio que tiene para los grupos de interés tener cargos electos. Existe literatura sobre los perfiles asociativos de representantes públicos y militantes de partidos (Heaney et al., 2012). En este sentido, esperamos (H2) que los nuevos partidos estén más dispuestos a proponer grupos de interés con bases asociativas cívicas (como plataformas y fundaciones).

Desde la perspectiva de los grupos de interés, la afinidad ideológica no siempre es la explicación más evidente en la formación de alianzas o contactos. Los contactos son el resultado de una estrategia de influencia en la que se tienen en cuenta los recursos, la naturaleza de sus demandas y las posibilidades de éxito de sus acciones (Rasmussen y Lindeboom, 2013; Pedersen et al., 2014). Esta literatura asume que las interacciones entre grupos y partidos se han vuelto pragmáticas (Ojtes y Rasmussen, 2017). En relación con los partidos populistas, dicho pragmatismo adquiere una doble dimensión: por un lado, los partidos populistas rechazan con frecuencia la relevancia política de los grupos de interés que distorsionan la voluntad del pueblo soberano, pasando así a formar parte de la élite corrupta y, por otro lado, los grupos de interés simplemente muestran poca simpatía por los partidos populistas (Berkhout et al., 2021). Quizás por ello estos partidos promueven la creación de sus propios grupos a los que se les califica de patriotas o verdaderos defensores de los intereses de los ciudadanos[1].

---

[1] VOX apoyó la creación del sindicato *Solidaridad*, bajo el argumento de que los sindicatos mayoritarios (UGT, CCOO) eran parte del sistema

En cuanto a los grupos de interés, diversos autores han examinado la formación de las agendas gubernamentales, la aparición de grupos en los medios, la composición de los comités asesores o el acceso de los grupos a las comisiones parlamentarias (Binderkrantz, 2003; Chaqués y Muñoz, 2016). Los avances en estas materias han abierto nuevas preguntas de investigación, por lo que nuestra comprensión sobre la creación de alianzas entre partidos políticos y grupos de interés es más compleja. La gran cantidad de grupos interesados en influir en el proceso político hace que el acceso sea sensible a las condiciones institucionales y al poder relativo de cada institución democrática. Una característica relevante en el contexto de esta investigación es la idea de que el declive del neocorporatismo y del diálogo formal ha potenciado el papel del parlamento como lugar de encuentro entre grupos de interés y representantes públicos (Christiansen y Rommetvedt, 1999; Rommetvedt et al., 2013).

En la medida en que las empresas no muestran un interés especial en contribuir al debate global sobre el impacto de las propuestas económicas, los grupos empresariales están interesados principalmente en presionar al gobierno (Medina y Chaqués, 2024). Los grupos empresariales buscan soluciones inmediatas, en forma de nueva regulación o redistribución de recursos, a problemas empresariales específicos. Centrándose en las reuniones presenciales durante los primeros años de la pandemia de Covid-19 en España, Chaqués y Medina (2021) mostraron que los grupos empresariales no son muy activos en áreas gubernamentales relacionadas con los servicios y derechos sociales. Esto también se aplica a las organizaciones de profesionales. Por el contrario, la evidencia empírica muestra que las ONGs disfrutan de un mayor acceso a la arena parlamentaria que a la gubernamental, posiblemente debido a su predisposición a participar en debates globales y seguir una cierta lógica partidista. En este sentido, esperamos (H3) que las posibilidades de éxito de las

---

corrupto. Podemos también impulsó la creación de su propio sindicato llamado *Somos*.

propuestas de los nuevos partidos se observen en las comisiones parlamentarias no económicas, y que las propuestas de los grupos cívicos tengan más éxito que las solicitudes de aparición de grupos empresariales.

En resumen, la literatura sobre partidos políticos ha documentado la erosión de los vínculos formales entre partidos políticos y grupos de interés, especialmente en relación con los sindicatos. Las instituciones son ahora la principal fuente de recursos para los partidos mayoritarios. Sin embargo, varios autores señalan que las interacciones entre partidos y grupos siguen siendo relevantes a la hora de dar forma a las políticas públicas. Cuanto más poder institucional tiene el partido político, más capacidad tiene para adaptar su programa electoral y buscar alianzas (Chaqués et al., 2021). En este sentido, este capítulo investiga los vínculos parlamentarios entre nuevos partidos y grupos de interés en España en un periodo clave para la transformación del sistema de partidos.

III. DATOS Y MÉTODOS

Los datos utilizados para este capítulo provienen del Congreso. La web del Congreso ofrece la lista de participantes en las comisiones parlamentarias por legislatura. En esta web se identifica el nombre de la persona que interviene ante la comisión, la organización a la que representa (si la hay, en caso contrario se presupone que se trata de expertos individuales), la comisión en la que participa y la fecha en la que tiene lugar la intervención. Se han incorporado datos adicionales para completar la información relativa al carácter asociativo de los grupos de interés. También se han incorporado empresas individuales para reflejar el grado de relevancia política de este tipo de actores individuales en el parlamento, a pesar de no ser grupos de interés (Hart, 2004). Para simplificar, las comisiones parlamentarias se han agrupado en seis grandes áreas políticas: economía, bienestar y política social, asuntos exteriores, asuntos institucionales, asuntos internos y comisiones de investigación que utilizan los partidos políticos para investigar irregularidades en las decisiones políticas o en los partidos. De manera similar, las propuestas de comparecencias han sido recodificadas para resumir las opciones en tres resultados simples: aceptadas, modificadas y rechazadas. El procedimiento parlamentario suele ser costoso de interpretar y, en algunas ocasiones, las propuestas caducan o son reformuladas en otras propuestas. Si la información ofrecida en la página web no es clara en términos de aceptación o modificación, la decisión ha sido clasificar las propuestas como propuestas rechazadas. La base de datos incluye 2.166 casos, de los que 1.127 fueron aceptados por defecto por las comisiones. La web indica que se trata de un acuerdo. Esto significa que no tenemos información sobre qué partido ha propuesto la comparecencia. Sin embargo, esta información es útil para interpretar los resultados de forma global. Para el resto de los casos, la base de datos especifica el partido que está detrás de la propuesta. Un pequeño número de propuestas son presentadas por varios partidos, lo que tiene un impacto marginal.

Siguiendo investigaciones relevantes (Beyers et al., 2016), la clasificación de los grupos de interés ha sido la siguiente: asociaciones empresariales, grupos profesionales, ONGs (y grupos cívicos), sindicatos y grupos institucionales (integrados por agencias e instituciones públicas). En cuanto a la tipología asociativa, nuestro interés se centra en diferenciar entre, por un lado, federaciones y asociaciones nacionales (o regionales) y, por otro, plataformas, fundaciones y otras tipologías asociativas. Investigaciones previas consideran que el grado de profesionalización de los grupos de interés tiene un alto impacto en su capacidad de acceso a las instituciones (Albareda, 2020), sobre todo porque los grupos que consiguen sobrevivir han sido patrocinados por el Estado de alguna manera (Fraussen, 2014). De forma modesta, queremos analizar en qué medida esta cuestión afecta a las alianzas de los nuevos partidos. Como nos interesa examinar globalmente la dinámica parlamentaria de los nuevos partidos, nuestro objetivo es explorar las siguientes cuatro dimensiones:

Tabla 1. Dimensiones de análisis

Dimensiones	Temas
Tipos de propuestas: Número de propuestas y grado de éxito en la aceptación de las mismas	La valoración que hacen los nuevos partidos del parlamento como institución relevante para la actividad política de los nuevos partidos para lograr alianzas con otros partidos (gobierno/oposición).
Áreas de política: Grado de ambición (ideológica) en la presentación de propuestas	La nueva ideología de los partidos como predictor de las interacciones entre partidos y grupos. Disposición de los partidos de oposición a competir en temas de otros partidos.
Tipos de grupos de interés: Grado de especialización tipológica en las interacciones con grupos de interés (y otros actores)	Disposición de los nuevos partidos a contactar con asociaciones empresariales, grupos profesionales, ONG, sindicatos o grupos institucionales.
Tipos de asociaciones: Grado de tipología asociativa en las interacciones con grupos de interés	Contactos de nuevos partidos con grupos o plataformas cívicas bien establecidos.

Fuente: elaboración propia.

El marco temporal seleccionado para este artículo es el comprendido entre finales de agosto de 2016 y mediados de junio de 2021, por lo que analizamos las XII, XIII y XIV legislaturas. La primera de estas legislaturas contó con dos presidentes: Mariano Rajoy (Partido Popular) y Pedro Sánchez (PSOE), que llegó al poder en junio de 2018 tras una moción de censura. La XII legislatura finalizó el 20 de mayo de 2019. La XIII legislatura fue problemática, ya que los grupos parlamentarios no llegaron a un acuerdo para investir a un presidente. PSOE y Podemos no lograron ponerse de acuerdo sobre un gobierno de coalición, lo que provocó la repetición de elecciones. Pedro Sánchez ejerció como presidente en funciones durante esta legislatura. La actividad parlamentaria en esta legislatura fue escasa. Unas nuevas elecciones generales el 10 de noviembre de 2019 alterarían modestamente la composición del Congreso, con el aumento del número de diputados de VOX. Finalmente, PSOE y Podemos pactaron un Gobierno de coalición presidido por Pedro Sánchez. La sesión de investidura tuvo lugar a principios de enero de 2020.

Por último, el periodo 2016-2021 recoge la entrada de Podemos y Ciudadanos en el congreso. La entrada de VOX se produce en las elecciones de abril de 2019 y se consolida en las de noviembre de 2019, con un aumento del número de diputados (véase la Tabla 2). La entrada tardía de VOX puede condicionar la interpretación de sus resultados, en la medida en que su entrada se produce tres años después de la de Podemos y Ciudadanos. Ciertamente, las tres legislaturas analizadas fueron testigo de fenómenos extraordinarios: la primera fue escenario de una moción de censura, la segunda apenas tuvo actividad parlamentaria al no poder formar gobierno y la tercera se desarrolla en paralelo a la pandemia de la Covid-19. El análisis puede verse condicionado por dicha inestabilidad política, posiblemente sobredimensionando el impacto de los factores institucionales. Sin embargo, la inestabilidad política es una característica que se ha instalado en la mayoría de países de la Unión Europea. De hecho, los nuevos partidos populistas nacen y evolucionan gracias a esta inestabilidad política y social.

Tabla 2. Número de diputados por partido en las tres últimas elecciones parlamentarias, 2016-2019

Partido	2016	2019a	2019b
Partido Popular	137	66	89
PSOE	85	123	120
Podemos*	62	42	35
Ciudadanos	32	57	10
Compromís	9	1	1
ERC	9	15	13
CDC/ Junts	8	7	8
PNV	5	6	6
Bildu	2	4	5

Partido	2016	2019a	2019b
Coalición Canaria	1	2	2
Vox		24	52
NA+		2	2
Partido Regionalista Cántabro		1	1
MAS País			2
CUP			2
BNG			1
Teruel Existe			1
* Se incluyen diputados de coaliciones electorales en varias regiones españolas.			

Fuente: www.infoelectoral.mir.es

IV. RESULTADOS

La actividad parlamentaria de los nuevos partidos de ámbito estatal en España se produce a distintas velocidades. Podemos entiende que las comisiones parlamentarias son un instrumento fundamental para avanzar en su estrategia política, por lo que el número de propuestas de comparecencias parlamentarias es el más elevado de todos los partidos políticos con representación parlamentaria. En el periodo analizado, Podemos solicitó la comparecencia de 483 personas, lo que supone una cifra muy superior a la del Partido Popular (con 142 solicitudes). Esto es relevante teniendo en cuenta que el Partido Popular fue el principal partido de la oposición durante la mayor parte del periodo analizado. Es cierto que el éxito de las propuestas de Podemos es relativamente moderado (véase la Tabla 3). La gran mayoría de sus propuestas fueron rechazadas (396 casos). Sin embargo, esto demuestra la voluntad de Podemos de proponer nombres alternativos a los que habitualmente aprueban otros partidos.

Tabla 3. Número de comparecencias propuestas por parte y por grado de éxito

Partidos	Aprobado	Modificado	Rechazado	Total
Acuerdo	1125	1	1	1127
Partido Popular	58	14	70	142
Podemos	53	34	396	483
PSOE	36	23	72	131
Otros	25	3	13	41
Vox	22		5	27
Ciudadanos	18	6	65	89
Grupo minoritario	7	14	57	78
ERC	4	1	8	13
PP + PSOE + Ciudadanos	2			2
Bildu	2	1	13	16
Minoría + ERC	1			1
Minoría + ERC + Podemos	1		3	4
ERC + Podemos	1			1
Indefinido		1		1
PNV		3	5	8
ERC + PSOE + Podemos			1	1
Podemos + PSOE			1	1
Total	**1355**	**101**	**710**	**2166**
Nota: "Modificado" significa que la propuesta se incorpora a otra propuesta que se aprueba posteriormente.				

Fuente: elaboración propia a partir de datos del Congreso.

La estrategia seguida por Podemos adquiere mayor relevancia frente a Ciudadanos y VOX. Estos dos partidos no destacan por haber propuesto una extensa lista de candidatos para figurar en las comisiones parlamentarias. Posiblemente, estos dos partidos eran conscientes de su relativamente modesto poder en el parlamento, y de que su capacidad de éxito está condicionada por el número de diputados con los que cuentan. En términos de visibilidad, parece que VOX estuvo más interesado en introducir temas en el debate público en los medios que a su aportación sustantiva al proceso legislativo. En cualquier caso, resulta interesante que VOX consiguiera un mayor número de propuestas aprobadas que Ciudadanos, pese a entrar al Congreso unos años más tarde. Ciudadanos tuvo un alto número de propuestas rechazadas (N=65), lo que pone en duda su capacidad para negociar la participación de personas y asociaciones afines con otros partidos[2]. En este sentido, Ciudadanos no consiguió cristalizar alianzas con grupos que propuso en reiteradas ocasiones como Escuelas Católicas (FERE-CECA), la Conferencia Estatal de Asociaciones de Estudiantes (CANAE), la Asociación Nacional de Profesionales de la Enseñanza (ANPE), la Central Sindical Independiente y de Funcionarios (CSIF) y la Unión Sindical de Inspectores de Educación (USIE). Es interesante prestar atención al poder de veto de los partidos mayoritarios para impedir que sus competidores institucionalicen sus coaliciones con asociaciones.

En cuanto a las preferencias políticas de los nuevos partidos, parte de la literatura apoya la hipótesis de que la ideología condiciona las alianzas entre grupos de interés y partidos. Esto se traduce en que los partidos políticos se esfuerzan por hacerse con temas propios. Los datos de la Tabla 4 apuntan en sentido contrario. En primer lugar, el argumento ideológico parece funcionar cuando el PSOE tiene la posibilidad de hacer propuestas. Los socialistas buscan fortalecer sus alianzas en políticas de bienestar por encima de cualquier otro tipo de tema. En segundo lugar, Podemos muestra mucho más interés en los asuntos económicos que en otros temas, siendo las políticas sociales un tema relevante también. Esto está en línea con los fundamentos anticapitalistas de

---

2 Es importante recordar que los datos no permiten conocer el número de propuestas consensuadas por la Mesa del Comité (*Acuerdo*). Este comentario se refiere a la capacidad de los partidos políticos para elaborar propuestas individuales.¡

los movimientos sociales que dieron paso a este tipo de partidos. En tercer lugar, VOX presta más atención a los temas económicos que a cualquier otro tema[3], mientras que los otros partidos de derecha (Ciudadanos, Partido Popular) buscan competir con las fuerzas de izquierda en temas sociales potenciando a asociaciones y expertos con intereses católicos y empresariales.

Esta última cuestión resulta interesante en la medida en que VOX apuesta gran parte de su estrategia política a enfrentarse a partidos y movimientos de izquierdas en cuestiones relacionadas con la identidad y las políticas sociales[4]. Es cierto que esta estrategia se desarrolla preferentemente en redes sociales y en movilizaciones públicas, lo que no se traslada al ámbito parlamentario. VOX se ha mostrado en contra de los avances en leyes contra la violencia de género, así como en la ampliación de derechos sociales y civiles como la eutanasia, el colectivo transexual o los inmigrantes. Mientras que el Partido Popular y Ciudadanos desplegaron una estrategia de oposición en todas las comisiones dedicadas al bienestar, VOX se interesó únicamente por las de ciencia, igualdad y derechos de la infancia. Para la primera, VOX solicitó la participación de la Conferencia de Rectores de las Universidades Españolas (CRUE), un grupo muy asentado en la política española. La novedad radica en la participación de la Federación Española de Asociaciones PROVIDA, un grupo conservador en defensa de la familia tradicional, en la comisión de igualdad.

---

3 De todas las comisiones que se enmarcan en Economía, VOX muestra interés explícitamente por la comisión dedicada a las pensiones (Pacto de Toledo).

4 Sin embargo, es justo señalar que el Partido Popular presenta reiteradamente recursos de inconstitucionalidad cuando nuevas leyes que amplían derechos civiles y sociales son lideradas por fuerzas progresistas (divorcio, matrimonio homosexual, etc.).

Tabla 4. Número de propuestas por partido y área política

Partidos	Economía	Asuntos exteriores	Comisión de investigación	Asuntos institucionales	Asuntos internos	Bienestar y social
Acuerdo	343	130	223	79	126	226
Podemos	292	22		19	48	102
Grupo minoritario	25	3		8	7	35
PSOE	23	5			12	91
Vox	18	1		4		4
Ciudadanos	12	3		2	5	67
Partido Popular	11	2		10	18	101
Otros	10	14	4	2	6	5
ERC	2	3			1	7
ERC + PSOE + Podemos	1					
ERC + Podemos	1					
Podemos + PSOE	1					
Minoría + ERC					1	
Bildu				2	9	5
Indefinido				1		
Minoría + ERC + Podemos					4	
PP+PSOE+CS						2
PNV		5				3
Total	**739**	**188**	**227**	**127**	**237**	**648**

Fuente: elaboración propia a partir de datos del Congreso.

Profundizando en la hipótesis ideológica, la Tabla 5 muestra el carácter asociativo de las propuestas de cada partido político. Los datos confirman que los diputados facilitan el acceso a los grupos cívicos y a los expertos por delante de cualquier otro tipo de grupo de interés o empresa. Esto condiciona de alguna manera la interpretación de las alianzas de los partidos conservadores con las asociaciones empresariales, aunque la tabla indica que sí existe tal conexión. También es cierto que Podemos es el partido que presentó un mayor número de solicitudes de comparecencia de asociaciones empresariales, la mayoría sin éxito[5]. Lo mismo ocurre con las empresas. Los expertos —en su mayoría profesores universitarios o ex políticos que asisten a comisiones de investigación- son los tipos de invitados más numerosos a las comisiones parlamentarias (779 casos). Los grupos cívicos fueron invitados 656 veces durante el periodo analizado. Los grupos profesionales y las asociaciones empresariales tienen alrededor de 200 comparecencias parlamentarias cada uno. Después vienen los sindicatos y los grupos institucionales.

En cuanto a las alianzas políticas, Podemos favorece los contactos con grupos cívicos y expertos, especialmente profesores universitarios, que dan cobertura científica a sus propuestas alternativas. Ciudadanos muestra una estrategia similar con algo más de interés en los grupos profesionales. En todo caso, los grupos propuestos por Ciudadanos que finalmente acceden tienen un alto componente de promoción de colectivos vulnerables con necesidades especiales como la Asociación de Familias Afectadas por el Síndrome de Alcoholismo Fetal, la Federación Española de Sordoceguera o la Plataforma de Organizaciones de Pacientes. Parece que el resto de partidos han permitido a Ciudadanos profundizar en este tipo de alianzas. VOX prioriza a las asociaciones empresariales y grupos cívicos, así como a empresas y expertos, sobre otros tipos. Aunque la lista de asociaciones empresariales invitadas por VOX no apunta a la promoción de grupos outsiders[6],

---

5 La única asociación empresarial propuesta por Podemos que fue aceptada para asistir al Parlamento fue la Unión Española Fotovoltaica. La propuesta de creación de la Confederación Española de Organizaciones Empresariales (CEOE) y la Confederación Española de la Pequeña y Mediana Empresa (CEPYME) fue modificada en otra iniciativa.

6 La lista incluye a la Confederación Española de la Pequeña y Mediana Empresa (CEPYME), la Federación Nacional de Asociaciones de Tra-

la lista de grupos cívicos marca un perfil claro en defensa de sectores esenciales para el electorado conservador como la Federación Española de Familias Numerosas, la Fundación Edad y Vida, la Fundación Renacimiento Demográfico y la Plataforma Cívica contra la Discriminación por la Edad.

Tabla 5. Interacciones entre partidos y grupos según tipologías de grupos

Partidos	Asociación empresarial	Grupo cívico	Empresa	Experto	Grupo institucional	Otro	Grupo profesional	Sindicato
Acuerdo	123	199	115	526	9	3	95	57
Podemos	17	199	27	117	2	1	70	50
Partido Popular	15	88	2	16	1		17	3
Grupo minoritario	10	31	10	23		1		3
Ciudadanos	6	33	3	20	10		5	12
Vox	6	7	4	4	2		2	2
PSOE	5	65	5	29			15	12
Otro	4	12	3	21			1	
ERC + PSOE + Podemos	1							
ERC + Podemos	1							
Minoría + ERC		1						
Minoría + ERC + Podemos		4						
PP+PSOE+CS		2						
Bildu		7		9				
Indefinido				1				

bajadores Autónomos (ATA), la Unión de Profesionales y Trabajadores Autónomos (UPTA) y la Asociación de Instituciones de Inversión Colectiva y Fondos de Pensiones (INVERCO).

Partidos	Asociación empresarial	Grupo cívico	Empresa	Experto	Grupo institucional	Otro	Grupo profesional	Sindicato
Podemos + PSOE				1				
ERC		4		8			1	
PNV		4		4				
Total	**188**	**656**	**169**	**779**	**24**	**5**	**206**	**139**

Fuente: elaboración propia a partir de datos del Congreso.

Finalmente, la Tabla 6 analiza si el modelo de partido tiene algún impacto en el comportamiento de los nuevos partidos. En esta tabla, los datos muestran la propuesta de comparecencias según la tipología asociativa de los grupos de interés y expertos. Las tipologías incluyen asociaciones (confederaciones y asociaciones consolidadas), plataformas cívicas de entidades sociales, corporaciones (empresas públicas o privadas), fundaciones (dedicadas a la investigación o al desarrollo de programas sociales), organizaciones internacionales (Unión Europea, ONU), ONGs, instituciones públicas (gobiernos, agencias públicas, universidades) y otras.

Tabla 6. Interacciones entre partidos y grupos según tipologías asociativas

Partidos	Asociaciones	Plataformas cívicas	Corporaciones	Fundaciones	Organización internacional	ONG	Otro	Institución pública
Acuerdo	328	45	120	40	40	71	160	323
Podemos	190	51	31	11	10	84	40	66
Partido Popular	80	2	3	11	4	30	4	8
PSOE	56	3	5	8	8	30	7	14
Ciudadanos	40	3	4	3	3	12	3	21
Grupo minoritario	23	1	10	15	1	8	3	17
VOX	13	1	6	3			1	3
Otros partidos	8	2	3	1	2	6	3	16
Bildu	6					1	1	8

Partidos	Asociaciones	Plataformas cívicas	Corporaciones	Fundaciones	Organización internacional	ONG	Otro	Institución pública
ERC	2	1			1	2	1	6
ERC + PSOE + Podemos	1							
PP+PSOE+CS	1					1		
PNV	1				1	3		3
ERC + Podemos	1							
Minoría + ERC						1		
Indefinido								1
Podemos + PSOE								1
Minoría + ERC + Podemos						4		
General total	750	109	182	92	70	253	223	487

Fuente: elaboración propia a partir de datos del Congreso.

Los datos muestran que Podemos apuesta por la promoción institucional de plataformas cívicas, ONGs e instituciones públicas (especialmente universidades). Ser un partido-movimiento obliga a Podemos a mantener contacto con plataformas y movilizaciones sociales. Desde 2016, Podemos ha conseguido que las siguientes plataformas ofrezcan su opinión el parlamento: Plataforma de Afectados por la Hepatitis C, Plataforma "Por tu seguridad, por la de todos", Plataforma Hostelería con Conciencia, Plataforma por un Nuevo Modelo Energético, Futuro en Común, Coordinadora 8M, y Plataforma en Defensa de la Libertad de Información. En total, se aprobó la participación en comisiones parlamentarias de 60 plataformas cívicas. La gran mayoría de estas plataformas han llegado al parlamento por acuerdo de la comisión.

VOX no muestra especial interés por las ONG, pero sí por las asociaciones. Posiblemente los dirigentes de VOX no vieron necesario acercarse al mundo de las ONG por los enfrentamientos ideológicos que les pudo ocasionar. El Partido Popular sí muestra una intensa interacción con ONG, por lo que hay que descartar la explicación ideológica. Si bien es cierto, como se ha comentado anteriormente, que VOX presta poca atención a los temas sociales en los que trabajan las ONG, Ciudadanos es el partido del bloque de derechas que más intentos hizo para impulsar plataformas cívicas, especialmente Societat Civil Catalana, que es una entidad que agrupa a los críticos con el nacionalismo catalán. Al margen de esto, Ciudadanos sigue un comportamiento bastante similar al Partido Popular.

V. OBSERVACIONES FINALES

Este capítulo examina la faceta parlamentaria de tres nuevos partidos en España: Ciudadanos, VOX y Podemos. La literatura reciente se ha ocupado de las interacciones parlamentarias de los grupos de interés y los partidos populistas, con la intención de examinar la capacidad de estos nuevos partidos para forjar alianzas con la sociedad civil. La literatura sobre modelos de partidos sugiere que debemos esperar una alta variedad en el grado de interacciones de los nuevos partidos con los grupos de interés: mientras que los partidos populistas de izquierda favorecen las alianzas con asociaciones de base y plataformas sociales, los partidos populistas de derecha son organizaciones altamente centralizadas. Existe interés en descubrir si sus dinámicas parlamentarias son diferentes a las de los partidos mayoritarios y si, de alguna manera, su participación institucional supone un riesgo para la democracia. La literatura sobre partidos políticos sugiere que la ideología es el principal argumento que siguen los partidos políticos para establecer interacciones con grupos de interés. Este argumento sirve para predecir qué tipos de alianzas son previsibles, sin llegar a determinar si existen o no. Otro argumento sólido se refiere a la contribución de las asociaciones a los partidos en términos de candidatos, financiación y cuestiones electorales. La literatura sobre grupos de interés acepta que las interacciones entre partidos y grupos se han vuelto pragmáticas. Los grupos de interés contactan con los partidos mejor posicionados en la arena política, al tiempo que rechazan las interacciones con nuevos partidos si esto provoca alteraciones en su status quo.

A partir de la incipiente exploración de datos originales sobre propuestas de comparecencias parlamentarias durante el periodo 2016-2021 en el Congreso, este capítulo considera que la explicación de la dinámica parlamentaria de los nuevos partidos debe considerar la posición institucional de los partidos, así como el papel que el parlamento tiene para su estrategia política. En la medida en que la decisión sobre las propuestas depende de los resultados electorales, los datos confirman que los partidos mayoritarios tienen mayor capacidad para promover grupos de interés, así como vetar las propuestas de otros partidos. Ser un partido nuevo condiciona el acceso a los recursos parlamentarios, más aún si se trata de un partido de oposición. Los nuevos partidos de oposición tienen menos capacidad para que sus propuestas sean aceptadas, por lo que su disposición a invertir en la promoción de grupos de interés se ve negativamente condicionada. Es posible que las interacciones parlamentarias de estos nuevos partidos con los grupos de interés adopten la forma de reuniones formales. Esto puede afectar negativamente las aspiraciones de los grupos de interés de convertirse en grupos internos y, en el mediano plazo, optar por alianzas con otros partidos. Por tanto, una futura línea de investigación debería explorar el interés de los partidos de la mayoría parlamentaria, ya sean de izquierda o de derecha, en socavar las posibilidades de institucionalización de los partidos de oposición.

Los nuevos partidos tienen la capacidad de determinar la relevancia política del parlamento para el desarrollo de sus propuestas, así como los recursos que desean destinar a su estrategia parlamentaria. Los partidos políticos son actores adaptativos y, en ese caso, son actores racionales con capacidad de interpretar y decidir entre opciones políticas. Para los partidos de la oposición, la falta de oportunidades en el ámbito parlamentario podría motivar estrategias en las redes sociales o en la calle, como es habitual en VOX. Las alianzas pueden darse en otros ámbitos políticos o en otros niveles de gobierno. La ausencia de alianzas parlamentarias entre partidos y grupos de interés en el parlamento español no es un callejón sin salida. Las alianzas pueden darse en asambleas regionales, asumiendo que España es un estado altamente descentralizado. Sin embargo, Podemos ejemplifica que los nuevos partidos pueden desarrollar una intensa estrategia de activismo parlamentario. Podemos busca influir en el proceso legislativo en todos los ámbitos políticos apoyándose en la participación de grupos y expertos afines. A diferencia de Vox y Ciudadanos, Podemos es un partido-movimiento, y esto explica en gran medida su comportamiento. Para Podemos, el parlamento español es tan importante como estar en el gobierno. Los demás partidos no parecen compartir esa visión.

Por último, también hay que reconocer que la información que ofrece la web del congreso exige un mayor esfuerzo de especificación de las zonas grises. Casi la mitad de nuestros casos entran en la categoría de "acuerdos" de la comisión, sin especificar el origen de las propuestas aceptadas. El único análisis posible se refiere a las propuestas que los partidos hacen al margen de los acuerdos de la comisión. Sin embargo, no hay que descartar el valor analítico de los casos (propuestas) en los que los partidos compiten por ampliar sus aliados potenciales.

VI. REFERENCIAS BIBLIOGRÁFICAS

Aguilar, S. (2012). "Fighting Against the Moral Agenda of Zapatero's Socialist Government (2004-2011): The Spanish Catholic Church as a Political Contender", Politics and Religion 5(3), 671-694.

Albareda, A. (2020). "Prioritizing professionals? How the democratic and professionalized nature of interest groups shapes their degree of access to EU officials", European Political Science Review, 12(4), 485-501.

Allern, E.H. y T. Bale (2012). "Political parties and interest groups: Disentangling complex relationships", Party Politics 18, 7-25.

Allern, E.H., V.W. Hansen, D. Marshall, A. Rasmussen y P.D. WEBB (2021). "Competition and interaction: Party ties to interest groups in a multidimensional policy space", European Journal of Political Research, 60, 275-294.

Anthonsen, M., J. Lindvall y U. Schmidt-Hansen (2011). "Social democrats, unions and corporatism: Denmark and Sweden compared", Party Politics, 17(1), 118-134.

Aylott, N. (2004). "From People's Movements to Electoral Machines? Interest Aggregation and the Social Democratic Parties of Scandinavia", en K. Lawson y Th. Poguntke (eds.). How Political Parties Respond to Voters. London: Routledge

Barberà, O., A. Barrio y J. Rodríguez-Teruel (2019). "New parties' linkages with external groups and civil society in Spain: A preliminary assessment", Mediterranean Politics, 24:5, 646-664.

Beyers, J., P. Bernhagen, C. Braun, D. Fink-Hafner, F. Heylen, W.A. Maloney. D. Pakull (2016). INTEREURO Interest Group Survey. Data Set

Berkhout, J., M. Hanegraaff y P. Statsch (2021). "Explaining the patterns of contacts between interest groups and political parties: Revising the standard model for populist times". Party Politics, 27(3), 418-429.

Binderkrantz, A. (2003). "Strategies of Influence: How Interest Organizations React to Changes in Parliamentary Influence and Activity", Scandinavian Political Studies, 26, 287-305.

Chaqués, L. y L. Muñoz (2016). "Explaining interest group access to parliamentary committees", West European Politics, **39**(6), 1276-1298.

Chaqués, L. e I. Medina (2021). "The representation of business interests during the COVID-19 pandemic in Spain", Revista Española De Ciencia Política, 57, 21-44.

Chaqués, L., C. Cristancho, L. Muñoz y L. Rincón (2021). "The contingent character of interest groups-political parties' interaction", Journal of Public Policy, 41(3), 440-461.

Christiansen, P.M. y H. Rommetvedt (1999). "From Corporatism to Lobbyism? — Parliaments, Executives, and Organized Interests in Denmark and Norway". Scandinavian Political Studies, 22, 195-220.

Eichenberger, S., F. Varone y L. Helfer (2021). "Do interest groups bias MPs' perception of party voters' preferences", Party Politics, 28(3), 567-579.

Fine, T.S. (1994). "Interest groups & the framing of the 1988 democratic & republican party platforms", Polity, 26(3), 517-530.

Fraussen, B. (2014). "The visible hand of the state: on the organizational development of interest groups", Public Administration, 92(2), 406-421.

Hart, D.M. (2004). "Business is not an interest group: On the study of companies in American national politics", Annual Review of Political Science, 7(1), 47-69.

Heaney, M.T. (2010). "Linking political parties and interest groups", en L.S. Maisel, J.M. Berry y G.C. Edwards (eds.) The Oxford Handbook of American Political Parties and Interest Groups. Oxford: Oxford University Press.

Heaney, M.T., S.E. Masket y J.M. Miller (2012). "Polarized networks: the organizational affiliations of national party convention delegates", American Behavioral Scientist, 56(12),1654-1676.

Herrnson, P.S. (2009). "The roles of party organizations, party-connected committees, and party allies in elections", The Journal of Politics, 71(4), 1207-1224.

Hopkin, J. y C. Paolucci (1999). "The business firm model of party organisation: Cases from Spain and Italy", European Journal of Political Research, 35, 307-339.

Horn, A., A. Kevins, C. Jensen y K. van Kersbergen (2020). "Political parties and social groups: New perspectives and data on group and policy appeals", Party Politics, 27(5), 983-995.

Key, V.O. (1964). Politics, Parties, & Pressure Groups, 5th ed. Georgia: Crowell.

Kitschelt, H. (2006). "Movement Parties", en R.S. Katz and W. Crotty (eds.), Handbook of Party Politics. Thousand Oaks, CA: SAGE.

Lisi, M., I. Llamazares y M. Tsakatika (2019). "Economic crisis and the variety of populist response: evidence from Greece, Portugal and Spain", West European Politics, 42(6), 1284-1309.

Manento, C. (2021). "Party crashers: Interest groups as a latent threat to party networks in congressional primaries", Party Politics, 27(1),137-148.

Mazzoleni, O y G. Voerman (2017). "Memberless parties: Beyond the business-firm party model?", *Party Politics, 23(6), 783-792.*

Medina, I. y L. Chaqués (2024). "Acceso de los grupos de interés a la arena gubernamental: un estudio comparativo de los gobiernos de Mariano Rajoy y Pedro Sánchez (2012-2021)", *Revista Española De Investigaciones Sociológicas,* (186), 123-142.

Narotzky, S. (2019). "Evidence Struggles: Legality, Legitimacy, and Social Mobilizations in the Catalan Political Conflict", *Indiana Journal of Global Legal Studies, 26*(1), 31-60.

Otjes, S. y A. Rasmussen (2017). "The collaboration between interest groups and political parties in multi-party democracies: Party system dynamics and the effect of power and ideology", *Party Politics,* 23(2), 96-109.

Pedersen, H.H., Q. Binderkrantz y P.M. Christiansen (2014). "Legislative Process in Denmark", *Legislative Studies Quarterly,* 39, 199-225.

Rasmussen, A. y G.J. Lindeboom (2013). "Interest group-party linkage in the twenty-first century", *European Journal of Political Research,* 52, 264-289.

Røed, M., E.H. Allern y V.W. Hansen (2024). "Party-Interest Group Ties and Patterns of Political Influence", *Political Studies, 72*(4), 1534-1554.

Rommetvedt, H., G. Thesen, P.M. Christiansen y A.S. Nørgaard (2013). "Coping With Corporatism in Decline and the Revival of Parliament: Interest Group Lobbyism in Denmark and Norway, 1980-2005", *Comparative Political Studies,* 46(4), 457-485.

Schlager, E. (1995). "Policy making and collective action: Defining coalitions within the advocacy coalition framework", *Policy Science,* **28,** 243-270.

Seeberg, H.B. (2017). "How stable is political parties' issue ownership? A cross-time, cross-national analysis", *Political Studies,* 65(2), 475-492.

Van Biezen, I., P. Mair y T. Poguntke (2012). "Going, going...gone? The decline of party membership in contemporary Europe", European Journal of Political Research, 51, 24-56.

Van Biezen, I. y T. Poguntke (2014) "The decline of membership-based politics", *Party Politics,* 20(2), 205-216.

Victor, J.N. y G.Y. Reinhardt (2018). "Competing for the platform: How organized interests affect party positioning in the United States", *Party Politics,* 24(3), 265-277.

Walgrave, S., A. Tresch y J. Lefevere (2015). "The conceptualisation and measurement of issue ownership", *West European Politics,* 38(4), 778-796.

VII. APÉNDICE

Área política	Comisiones	Comisiones parlamentarias incluidas
Economía	Economía	• Economía, Industria y Competitividad • Economía y competitividad • Economía y Empresa • Reconstrucción Social y Económica
	Agricultura	• Agricultura, Alimentación y Medio Ambiente • Agricultura, Pesca y Alimentación
	Tesorería	• Presupuestos • Hacienda y Función Pública
	Cambio climático	• Estudio del Cambio Climático • Transición Ecológica y Reto Demográfico
	Trabajo y Seguridad Socioal	• Empleo y Seguridad Social • Seguimiento y Evaluación de los Acuerdos del Pacto de Toledo • Trabajo, Migraciones y Seguridad Social
	Energía	• Energía y Transición Ecológica • Energía, Turismo y Agenda Digital
	Infraestructuras	• Fomento • Transportes, Movilidad y Agenda Urbana
	Industria	• Industria, Comercio y Turismo • Industria, Energía y Turismo
Bienestar y política social	Educación	• Educación y Formación Profesional • Educación y deporte
	Ciencia	• Ciencia, Innovación y Universidades
	Juventud	• Derechos de la Infancia y Adolescencia
	Salud	• Sanidad y consumo • Sanidad y Servicios Sociales • Sanidad, Consumo y Bienestar Social • Sanidad, Consumo y Seguridad Social • Mixta para el Estudio del Problema de las Drogas
	Género	• Igualdad
	Cultura	• Cultura • Cultura y deporte

Bienestar y política social (cont.)	Política social	• Derechos Sociales y Políticas Integrales de la Discapacidad • Coordinación y Seguimiento Estrategia Española ODS • Políticas Integrales de la Discapacidad
Política exterior	Unión Europea	• Mixta para la Unión Europea
	Política exterior	• Asuntos Exteriores
	Cooperación internacional	• Cooperación Internacional para el Desarrollo
	Defensa	• Defensa
	Seguridad	• Mixta de Seguridad Nacional
Institucional	Reforma institucional	• Calidad democrática, contra corrupción y reforma institucional • Auditoría de la calidad democrática, contra la corrupción y para las reformas institucionales y legales
	Asuntos constitucionales	• Constitucional
	Instituciones	• Comisión de Reglamento • Mixta para las Relaciones con el Tribunal de Cuentas
	Comunidades Autónomas	• Evaluación y modernización del Estado autonómico • Política territorial y función pública
Interior	Interior	• Interior • Pacto de Estado en materia de Violencia de Género • Estudio del modelo policial del siglo XXI. • Seguridad Vial • Seguridad Vial y Movilidad Sostenible
	Justicia	• Justicia
Comisiones de investigación	Vuelo J.K. 5022	• Accidente del vuelo JK 5022 de Spanair
	Tren	• Accidente ferroviario ocurrido en Santiago

Comisiones de investigación (cont.)	Recursos	• Utilización de recursos ilegales Ministerio del Interior • Utilización partidista Ministerio del Interior
	Crisis	• Crisis financiera España y programa asistencia
	Partido Popular	• Presunta financiación ilegal del Partido Popular

Parlamentos Abiertos: Un Nuevo Modelo de Transparencia para una Democracia Representativa Renovada

RAQUEL VALLE ESCOLANO
Profesora Ayudante Doctora de Ciencia Política y de la Administración Pública
Universitat de València

I. INTRODUCCIÓN

Los Parlamentos abiertos buscan promover la transparencia, la rendición de cuentas, la participación ciudadana y la colaboración entre los ciudadanos y las instituciones, según un modelo que implica transformar la labor legislativa para que sea más accesible, participativa y transparente, rompiendo con la opacidad que históricamente ha caracterizado a muchas cámaras legislativas y constituyendo, en este sentido, un paso más en la evolución hacia una democracia renovada, que ofrezca respuestas a las actuales demandas ciudadanas en una sociedad transformada y cambiante.

El concepto de Parlamento Abierto constituye un tema de análisis de reciente implantación en el debate político y académico, cuyo interés y relevancia justifica el profundizar en su estudio, abordando sus principales implicaciones. Se trata además de una realidad en construcción, enmarcada en otras cuestiones más amplias, como el gobierno abierto, que se encuentran asimismo en pleno desarrollo.

Este trabajo busca realizar una revisión sistemática y crítica de los estudios más relevantes en la materia, destacando los perfiles de los Parlamentos abiertos y los principios fundamentales que los sustentan, con objeto de profundizar en sus elementos positivos, al tiempo que se destacan algunas limitaciones y retos pendientes. También se traerán a colación una selección de experiencias nacionales e internacionales interesantes en la materia, describiendo sus dinámicas. Todo ello nos conducirá a la formulación de algunas conclusiones, a modo de reflexión, útiles para centrar un debate que sin duda tiene pendiente un amplio recorrido.

II. PERFILES DEL CONCEPTO Y PRINCIPIOS FUNDAMENTALES

La noción de Parlamento abierto transciende el concepto de Parlamento transparente, y es mucho más que una institución que aprovecha las tecnologías de la información y comunicación, TIC, para optimizar sus cometidos y funciones. Tampoco constituye un remedio a todas las críticas actuales al parlamentarismo y a la democracia representativa, acentuadas en épocas recientes en un contexto de demanda de transparencia y rendición de cuentas a los poderes públicos. Sin embargo, considero que todas ellas son ideas presentes en su surgimiento y construcción, en un planteamiento coincidente con Rubio Núñez y Vela Navarro (2017b), cuando señalan que el Parlamento abierto sería el resultado de la combinación de un contexto sociopolítico, dentro de la sociedad de la información, con el impacto de los avances tecnológicos sobre la institución parlamentaria; por ello serán brevemente abordadas en estas páginas. Los Parlamentos abiertos son el reflejo de una nueva cultura que hunde sus raíces en el gobierno abierto, con múltiples ejes cuyo significado merece la pena explorar.

1. El escenario del Parlamento abierto

El surgimiento de la idea y de los recientes ensayos del Parlamento abierto aparecen indisolublemente conectados con dos realidades previas presentes como sustrato en el contexto sociopolítico de su aparición: la revolución tecnológica y la casi permanente crisis del parlamentarismo, revestida en épocas recientes de una mayor demanda de transparencia.

1.1. Un contexto complejo: crisis del parlamentarismo y la democracia representativa

La crisis que vive la democracia constitucional es compleja y multifactorial (Ferrajoli (2011). En particular, las críticas a la democracia representativa han venido unidas a las críticas al Parlamento y el parlamentarismo (Aranda, 2017). Se trata de reparos ya clásicos (Rousseau, 1982) o más recientes, basados en reproches de naturaleza diversa. Así, provienen de los defensores de la ciberdemocracia (Masuda, 1984; Toffler, 1989 Van Dijk, 2013; Bellamy, 2000); o subrayan factores variados, como las decisiones erráticas, cambiantes e incluso contradictorias de los parlamentarios (Sartori, 1998), así como su ausencia de receptividad (Cebrián, 2012), entre otros. El hecho es que, como señala Rubio Núñez (2014a: 398), las bases filosófico-políticas que alumbraron el nacimiento de las cámaras, hoy no se corresponden ni con las prácticas de los parlamentarios ni con las aspiraciones ciudadanas. De ahí que, a lo largo de sucesivos periodos, diversas demandas y alteraciones del status quo que han provocado la modificación o ampliación de funciones parlamentarias, que hoy exceden con mucho la legislativa, hayan forzado a los parlamentos a redefinirse, con el fin de integrarse adecuadamente en el sistema político, una empresa que no siempre se ha logrado con éxito y que en momentos diversos ha resultado en una importante pérdida de confianza en las instituciones políticas.

En este contexto, muchas de estas críticas desembocaron hace una década en un grado importante de desafección política, de descontento social y de desconexión de los políticos con la sociedad, reflejado en factores como la despolitización masiva de ciertos sectores, la baja implicación ciudadana, el desinterés político y el escepticismo crítico hacia las élites políticas, generando una crisis institucional que surgió en paralelo a la crisis financiera, fortalecida por numerosos casos de corrupción política, y que explotó especialmente en nuestro país en 2015, dando lugar a una notable desconfianza de la sociedad hacia el modelo de representación, que aún hoy perdura. La falta de confianza social en los partidos políticos y de identificación ciudadana con las instituciones es indicativa de una brecha o déficit de representación. La democracia representativa resulta cuestionada, un sentimiento que expresa con acierto Przeworski cuando señala que "la nostalgia por la participación efectiva ronda en democracias modernas" (2010: 101). Estos fenómenos están en la base de movimientos de orientación hacia modelos de democracia más directa, que buscan la democratización de la democracia (Giddens, 1996), ante las carencias de la democracia representativa, que, sin embargo, a juicio de muchos autores, sigue siendo el mejor de los modelos de organización política para legitimar los poderes del Estado, garantizar la participación ciudadana, y contribuir a crear en la sociedad un desarrollo económico sostenible y bienestar social (Lipset, 1992; Aranda, 2017).

1.2. Irrupción de las TIC y la inteligencia artificial. Alteración del paradigma comunicativo y demanda ciudadana de transparencia

En época reciente, la globalización de la información y la transformación de los paradigmas comunicativos han alterado de forma casi revolucionaria el modo en que se accede, procesa y comunica la información, que fluye y se comparte de forma radicalmente diversa a como lo hacía en un pasado no muy lejano. Como señalan Belmonte Peláez y Fernández Gutiérrez (2024:132) este fenómeno se debe no solo a una cada vez mayor digitalización de la información —que en la actualidad, en gran parte gracias a Internet, se ha tornado ubicua, anónima, rápida en su difusión, inmediata en su recepción, masiva, plural y dispersa—, sino, en particular, por la sorpresiva y reciente irrupción de la inteligencia artificial en nuestras vidas, que opera mediante diversas aplicaciones gratuitas y que ha crecido, hasta la fecha, a la luz de una escasísima regulación. La información fluye libremente a través de múltiples canales y plataformas, lo que no solo supone un importante desafío a efectos de su control público, sino que también altera profundamente el panorama de las libertades públicas, al involucrar en su flujo a la ciudadanía.

Esta explosión de la sociedad de la información ha sido posible gracias al extraordinario avance de las TIC. Sin embargo, no existe una correspondencia clara y directa entre el desarrollo tecnológico y el gobierno abierto o los parlamentos abiertos. Una idea en la que insiste Rubio Núñez (2011) al señalar que la introducción de tecnología no garantiza per se la modernización institucional, o Ramírez Alujas (2011), subrayando que el gobierno o administración electrónica aumenta la transparencia, pero no llega a resolver la cuestión de la participación. De ahí la necesidad de alertar sobre el peligro de confundir dichos conceptos, ya que no se trata de identificar el incremento e implementación de tecnología como una forma de sustitución de la representación, poniendo la realidad al servicio de la herramienta y no al revés (Rubio Núñez y Vela Navarro, 2017:17).

Las TIC son, pues, condición necesaria, pero no suficiente, para la existencia de un Parlamento abierto, pues lo cierto es que sin las NNTT las reformas institucionales difícilmente alcanzarían su éxito, al constituir un presupuesto básico, de importancia clave, para que puedan existir algunos ejes básicos del buen gobierno, como la transparencia (Valle Escolano, 2020). Esta última autora sistematiza interesantes aportaciones sobre la cuestión, como las de Bertot et. Al. (2010), quienes sostienen que el uso de las TIC puede promover y crear una cultura sostenida de transparencia. Y no solo eso, sino que los avances tecnológicos están asimismo en la base de la participación y la colaboración de la ciudadanía en los asuntos públicos, conduciéndonos de ese modo hacia modelos más avanzados (Guadián, 2009), y lo han hecho de varios modos (Dabbagh, 2016: 89): permitiendo que los ciudadanos se informen, formen, creen contenidos, intercambien información, interactúen; eliminando las barreras físicas de los medios de comunicación tradicionales; proporcionando una comunicación en tiempo real, y en definitiva, aumentando el alcance y resonancia de los mensajes. Las TICs permiten crear nuevos instrumentos de comunicación política sustancialmente diferentes que posibilitan una nueva forma de construcción de la opinión pública, gracias a una serie de características enriquecedoras como son la comunicación bidireccional, multilateral, permanente, transnacional, con posibilidad de acceso tanto de los grupos organizados como los ciudadanos individualmente considerados (García Costa,2020: 114).

Como señala Rubio Núñez (2011: 153), la irrupción de las NNTT de Internet y en concreto de la Web 2.0, han creado nuevos canales de comunicación e interacción que agilizan, fortalecen y optimizan la coordinación de los procesos de intercambio de información/comunicación interna, a la vez que generan vías novedosas de apertura hacia los ciudadanos. Los contenidos creados por estos enriquecen el debate sociopolítico, favoreciendo la riqueza y diversidad de opiniones y el libre flujo de información; al tiempo que permiten a la ciudadanía conocer mejor la gestión, involucrarse en la misma, y con ello mejorar las relaciones con el gobierno y la administración (Bonsón et al., 2012). De ahí que Cotino señale (2013), apuntalando esta idea, que no cabe duda del nexo entre toda una serie de principios y derechos emergentes que están en la base del gobierno abierto (democracia participativa y buena administración, gobernanza) y las TIC.

Reivindicada ya la importancia fundamental de las NNTT en todo este proceso, interesa volver sobre un elemento de importancia capital a la hora de explicar la existencia de los Parlamentos abiertos: la demanda ciudadana de transparencia. Ya se ha aludido a las más recientes crisis de la democracia representativa y del parlamentarismo, a las que el gobierno abierto trató de ofrecer algunas respuestas, transformando las formas de gobernanza, que pasaron desde un diseño vertical a organizarse según modelos de colaboración y participación ciudadana en la gestión pública, como medio para adaptarse a la complejidad de la sociedad contemporánea, dando entrada junto al gobierno a la sociedad civil y al mercado como protagonistas esenciales en el diseño y puesta en marcha de políticas públicas.

En este esquema, la transparencia ocupa un lugar y constituye una condición esencial e insustituible, ya que una de las estrategias esenciales de la buena gobernanza consiste precisamente en producir normas que promuevan la transparencia, desarrollar procedimientos que permitan el acceso a la información pública, y constituir instituciones que aseguren que las normas y los procedimientos tendentes a lograr la transparencia y a aportar información, se respetan e implementan (Villoria, 2012). La transparencia está íntimamente vinculada, en sentido positivo, con todos los valores que la buena gobernanza quiere promover, como son la rendición de cuentas, la participación, la eficacia y la eficiencia y la legitimidad de la acción pública (Valle Escolano, 2020). Así, en primer lugar, resulta esencial la relación entre transparencia y rendición de cuentas, ya que la primera constituye el paso inicial para que pueda darse la segunda (Armstrong, 2005; Fox, 2007; Mulgan, 2012; Bovens, 2007). Si no existe información, como señala Andreas Schedler (2011), no podrá haber accountability. La transparencia también se alza como presupuesto para la participación, ya que, en nuestros días, la participación proactiva de la ciudadanía en los asuntos públicos constituye uno de los pilares básicos sobre los que se desarrolla la democracia avanzada (Rubio Núñez, 2013; Villoria y Cruz, 2015). En tercer lugar, la transparencia resulta asimismo fundamental para la eficiencia y eficacia gubernamental, desde múltiples puntos de vista: en particular, desde el prisma político, la transparencia tiene una importante potencialidad de mejora de la calidad de la democracia, al tiempo que la transmisión y reutilización de la información posee un efecto multiplicador de cara a generar conocimiento (Cunill, 2006). Finalmente, la transparencia es un factor hoy en día ineludible para recuperar la confianza en los representantes políticos y para que los poderes públicos restauren una legitimidad que se ha visto erosionada de forma importante a nivel global, por la crisis de los postulados en que descansa la democracia representativa (Ponce Solé, 2013).

En España, la transparencia, regulada de una forma sistemática, más allá de previsiones sectoriales, vino de la mano de la Ley 19/2013, de transparencia, acceso a la información pública y buen gobierno (LTAIPBG). Surgida en un contexto en el que la corrupción, la profunda crisis institucional y la desafección hacia la política, motivaron la necesidad de respuestas, una de ellas surgió de la mano de la democracia cercana, atendiendo las demandas de la sociedad civil de una mayor calidad de información, cuantitativa y cualitativa, a disposición de la ciudadanía. La LTAIPBG surgió como una ley contra la desafección y a favor del fortalecimiento de la democracia representativa (Valle Escolano, 2020), formando parte una serie de reformas institucionales para solucionar la profundísima crisis institucional y de confianza en la política, tal y como se puso de manifiesto repetidamente en el debate parlamentario (Guichot, 2014).

La transparencia, como piedra de toque para fortalecer el vigor del principio democrático, es esencial en el ámbito parlamentario, y de ahí que la Ley 19/2023 incluyera en su artículo 2.1 f) dentro de su ámbito subjetivo de aplicación al Congreso de los Diputados, al Senado y a las instituciones autonómicas análogas, si bien únicamente en relación con sus actividades sujetas a Derecho administrativo, respetando así la autonomía parlamentaria. A partir de dicha regulación estatal, tal y como señalan Belmonte Peláez y Fernández Gutiérrez (2024:140) una mayoría de Asambleas Legislativas, en particular las de Andalucía, Aragón, Canarias, Cantabria, Castilla-La Mancha, Extremadura, Galicia, La Rioja, Madrid y Murcia, se encuentran sometidas expresamente a la ley autonómica, de nuevo en cuanto a su actuación sometida al Derecho administrativo, haciendo un reenvío a lo que establezca su normativa interna para el resto de la actuación parlamentaria. En el caso de Cataluña, Comunitat Valenciana y Navarra, asistimos a un sometimiento parcial a la ley autonómica, al exigirse la previa adaptación normativa mediante las oportunas normas internas. Existe un último grupo en el que la ley autonómica no es aplicable a la respectiva Cámara, bien porque expresamente se excluye, como en el Principado de Asturias, bien porque no existe previsión alguna con relación al Parlamento, como ocurre en Baleares y Castilla y León. Finalmente, a nivel normativo, destacaría dos cámaras autonómicas, cuya normativa presenta sugerentes e interesantes propuestas en la materia: en primer lugar, las Cortes de Aragón, cuyo Reglamento[1] aborda en su Título XVIII diversos mecanismos e instrumentos de participación y de acceso a la información que concretan el Derecho al Parlamento abierto; así como el Reglamento del Parlamento de Cataluña, que asimismo contiene una regulación detallada del Parlamento abierto en su título 5, dedicado a la Transparencia en la actividad parlamentaria. Ambos son exponentes de un relevante compromiso con el gobierno abierto en la actividad parlamentaria y en el funcionamiento de las Cámaras.

2. *Principios caracterizadores del Parlamento abierto*

Así las cosas, podemos caracterizar el Parlamento abierto de forma detallada y muy descriptiva como aquel que comunica toda la actividad parlamentaria y la información sobre la institución y sus miembros de forma transparente y en formatos abiertos y entendibles por la ciudadanía; que abre espacios de participación y colaboración con los ciudadanos y con los funcionarios; que, en forma de conversación permanente, tiene cauces que incluyen a las redes sociales, para escuchar activamente lo que la ciudadanía necesita al abrir foros deliberativos y otros instrumentos de participación en los procedimientos parlamentarios con capacidad de influir en la agenda política (Rubio Núñez y Vela Navarro, 2017b[2]: Red Lines, 2021). En un Parlamento abierto los canales de comunicación se orientan a la transformación social, con el objetivo de hacer una política no PARA los ciudadanos, sino CON los ciudadanos (Red Lines, 2021).

El Parlamento abierto entraña la aplicación práctica de los principios del Gobierno Abierto a la institución parlamentaria, un concepto que, aunque presente desde los años setenta del si-

1 Reglamento de las Cortes de Aragón aprobado en Sesión Plenaria celebrada el día 28 de junio de 2017

2 Esta definición, según Rubio y Vela, ha sido elaborada por el grupo de trabajo de la red Novagob, "Parlamento abierto: teoría y práctica".

glo pasado, adquirió carta de naturaleza definitiva a nivel mundial, en gran medida por la trascendencia de su sujeto impulsor, a partir del Memorando sobre Transparencia y Gobierno Abierto lanzado en 2009 por Barack Obama, tras una campaña en la que las nuevas tecnologías tuvieron un importante protagonismo (Rubio Núñez, 2009), un documento que definió los tres pilares que sustentan el sentido del gobierno abierto: transparencia, participación y colaboración (Valle Escolano, 2020).

Estos tres ejes se encuentran en la base del diseño del parlamentarismo abierto que utilizan diversos autores en sus planteamientos, como Rubio Núñez y Vela Navarro (2017a, 2017b), que utilizan la triada Transparencia- Participación- Colaboración como esquema de su análisis.

Comenzando por la transparencia, esta se revela como presupuesto y requisito indispensable, es el primero y más importante de los principios del gobierno abierto, hasta el punto de que, sin transparencia, ni la colaboración ni la participación serían posibles (Rubio Núñez, 2013; Gascó-Hernández, 2014). Rubio Núñez y Vela Navarro destacan algunas cuestiones clave en torno a este primer postulado (2017b), subrayando que transparencia no significa compartir sin más información, ni proporcionarla a todo aquel que la solicite, sino que para que la información sea transparente, ha de ser clara, objetiva, actualizada, veraz, relevante, exigible, de calidad y accesible. En el ámbito parlamentario, la transparencia aparece vinculada a la rendición de cuentas y sobre todo a la publicidad de los actos, lo que hace necesario instrumentar los necesarios cambios en los procedimientos y la organización parlamentaria para dotar de contenido sustantivo a este último principio (Merino, 2005). Por otro lado, Rubio Núñez (2011) distingue las dos manifestaciones de la transparencia, la activa (puesta a disposición del ciudadano de la información a través de diversos medios) y la pasiva (por la que el ciudadano puede solicitar los datos que desee conocer, siendo obligatorio el proporcionarle dicha información), destacando dentro de esta última modalidad las medidas que facilitan la labor de los medios de comunicación que informan sobre la labor parlamentaria. Para la existencia de una verdadera transparencia, se destaca la misión educadora del Parlamento a la hora de elaborar una información que sea inteligible; la apertura a otros actores en la difusión de la información; el manejo de los tiempos informativos, con una publicación inmediata, que atienda con diligencia a las demandas que requiere la sociedad (Gutiérrez Rubí, 2013); finalmente, la transparencia debe posibilitar un auténtico diálogo. Perfilados ya los contornos de la transparencia, Rubio Núñez y Vela Navarro (2017b) enuncian los que consideran principios para su efectiva implantación: la promoción de una cultura de la transparencia; transparentar la institución parlamentaria; facilitar el acceso a la información parlamentaria; y permitir el acceso electrónico y de análisis de la información parlamentaria. Finalmente, el estudio analiza las iniciativas institucionales de la transparencia en el ámbito parlamentario (Open Data; Portales de transparencia; y el Derecho de acceso a la información parlamentaria), así como algunas iniciativas de la sociedad civil en la materia.

Por lo que respecta al principio de la participación, la institución parlamentaria debe ser participativa, ya que el compromiso público mejora la efectividad de la cámara y la calidad de sus decisiones. La actividad parlamentaria se beneficia del acceso a un conocimiento que está ampliamente disperso, así como de la experiencia individual y colectiva de ciudadanos y grupos, cuando estos participan en la formulación de políticas. Como señalan Rubio Núñez y Vela Navarro (2017b), no se puede hablar de Parlamento abierto sin incorporar la participación, y en esta línea señalan las TIC, como potenciadoras de la participación en el Parlamento, tienen un doble impacto: por un lado, modifican —ampliando, potenciando, reforzando y mejorando— las figuras participativas ya existentes, al tiempo que permiten la utilización de herramientas participativas novedosas e inéditas. De nuevo el estudio analiza tanto iniciativas institucionales de participación, como procedentes de la sociedad civil, distinguiendo en el primer caso entre las individuales —ya sean herramientas de iniciativa, de deliberación o de valoración— y las Plataformas digitales de participación.

En cuanto al último de los principios de los Parlamentos abiertos, el de colaboración, esta involucra activamente a la ciudadanía en el trabajo de sus parlamentos. Las cámaras legislativas deben innovar en las herramientas y métodos disponibles para lograr mayores grados de cooperación interadministrativa, así como con todo tipo de personas, organizaciones y entidades privadas. Al abrir la información y permitir la participación, se involucra a ciudadanos, agentes y entidades en un trabajo conjunto. Rubio Núñez y Vela Navarro reparan en que las fronteras de los principios de participación y colaboración son difusas, entendiendo la colaboración como una participación compleja y más articulada, fruto de la intervención de agentes de diversos sectores, frente a la participación, entendida como una simple contribución en la toma de decisiones (2017b: 166). Por otro lado, en un sentido amplio, aplican la colaboración en tres niveles: en la relación del gobierno con el ciudadano individual; en la relación entre administraciones públicas; y en la relación con el sector privado. Ya en particular, en el ámbito parlamentario, la cooperación se aplica: a) en el ámbito interparlamentario; b) en la relación del parlamento con el ejecutivo; y c) en la relación parlamento-ejecutivo y con la sociedad civil. Finalmente, como instrumentos concretos de colaboración del parlamento abierto, se analizan, entre otros, las Redes de cooperación interparlamentaria; las Guías para el parlamento abierto o las Alianzas para el parlamento abierto.

En una línea muy similar a la apuntada, en el trabajo de Aranda (2017) también se apuntan como principios del Parlamento abierto aquellos que se corresponden con: a) El refuerzo de las funciones parlamentarias de representación y legitimación: Ambas pueden mejorar notablemente con la incorporación de las TIC al Parlamento: en el primer caso, porque es más fácil integrar los intereses de los ciudadanos; en el segundo, porque la publicitación de los procedimientos de designación de candidatos diversos por parte de las Cámaras, facilita su control e inspección. b) Un parlamento para la deliberación, que integra la opinión de los ciudadanos; c) El refuerzo de la publicidad, convirtiéndola en transparencia. d) Un parlamento que extiende la colaboración a otros órganos del estado e instituciones. e) Un parlamento que recupera el sentido de la responsabilidad política. f) Un parlamento que se abre a la participación directa de los ciudadanos.

En algunas Declaraciones institucionales e informes de primer nivel en la materia también se alude a los principios del Parlamento Abierto, con un significado común o compartido con los ya mencionados. Así, Global Centre for ICT in Parliament subraya, en el World e-Parliament Report (2010: 49), que la transparencia y la rendición de cuentas son los pilares sobre los que se sustenta la apertura, y los estándares para estos dos objetivos han evolucionado significativamente durante la última década a medida que los ciudadanos han comenzado a exigir más de sus instituciones de gobierno.

Finalmente, el White Book Parlamentos Abiertos. Guía de Buenas Prácticas (Red Lines, 2021), señala como claves del Parlamento Abierto las siguientes:

1. Uso de la Tecnología de la información y comunicación.
2. Apertura y reutilización de la información pública.
3. Participación ciudadana.
4. Creación de mecanismos que garantizan una democracia más participativa.

Entre las premisas, mecanismos, dinámicas y herramientas que debe poner en marcha un Parlamento abierto, se proponen, entre otras:

- En el ámbito de la Transparencia: Propiedad pública de la información; Facilitar la transparencia a través de la legislación; Involucrar al ciudadano; Habilitar la monitorización de los procesos parlamentarios; Intercambiar buenas prácticas entre parlamentos; Proporcionar información completa y exacta.
- En el ámbito de la Información/Transparencia parlamentaria: Información sobre funciones parlamentarias; Informa-

ción sobre miembros y personal del parlamento; Agendas públicas; Publicación de registro de los trabajos de las comisiones; Grabación de los votos parlamentarios; Publicación de las deliberaciones plenarias; Información sobre los presupuestos; Acceso a la información histórica; Rendición de cuentas.

- En el terreno del Acceso a la información: Acceso por múltiples canales; Acceso físico al parlamento; Acceso a los medios de comunicación; Uso de lenguaje sencillo en la información proporcionada; Uso de varios idiomas; Garantía de libre acceso.
- Con relación al Acceso electrónico: Formatos abiertos, open source data; Garantía de la privacidad ciudadana; Documentación susceptible de descarga; Mantenimiento y actualización de la web del parlamento; Mecanismos de búsqueda fáciles y estables; Habilitar el uso de alertas; Facilitar la información bidireccional
- En el ámbito de las Redes sociales: Presencia en redes sociales (twitter, facebook); Compartir actividad institucional y agenda abierta en redes sociales; Redes sociales como herramienta de comunicación con los ciudadanos (bidireccional); Redes sociales como método de consulta y opinión ciudadana; Participación de parlamentarios en redes sociales; Desarrollo de plataformas específicas que fomenten la participación

III. VENTAJAS, RETOS Y LIMITACIONES DE LOS PARLAMENTOS ABIERTOS

La implantación en las diversas Cámaras legislativas españolas y extranjeras de algunas experiencias y modos de actuar alineados con los elementos clave que caracterizan un Parlamento Abierto, sin duda es positivo, ya que, tal y como señala Leston-Bandeira (2012), ello ha impulsado la transformación de tales asambleas legislativas de instituciones cerradas a instituciones públicas. Profundizando en dicho significado, Peral (2013: 16) establece que la vía del Parlamento abierto —de la que señala que no es exclusiva ni excluyente, probablemente tampoco definitiva, pero estimulante— permite a las Cámaras legislativas renovar su legitimidad de origen, con más democracia. La utilización de las TIC incrementa el compromiso social e involucra al ciudadano, creando una ciudadanía más activa e implicada, a la que la información posibilita evaluar en mejores condiciones el desempeño y la labor de sus representantes. Todo ello reduce la brecha representantes-ciudadanos. Nuevas maneras abiertas de producir y compartir conocimiento cambian radicalmente los procesos tradicionales de gobernanza y los mecanismos de toma de decisiones (Campos, 2013:24). Finalmente, la apertura parlamentaria debe igualmente percibirse como una oportunidad de contribuir a la mejora de la práctica parlamentaria, en términos de una organización más racional, mejora de los procedimientos y herramientas de funcionamiento, en suma, de mayores grados de eficacia y eficiencia.

En definitiva, los diversos estudios enfatizan que el Parlamento Abierto, como aplicación concreta del Gobierno abierto al ámbito parlamentario, no solo refuerza la confianza en las instituciones democráticas, sino que también contribuye a una democracia más inclusiva y deliberativa. Al hacer más accesibles los procesos legislativos, se permite que los ciudadanos comprendan mejor las decisiones políticas y participen en su diseño, superando el tradicional distanciamiento entre representantes y representados.

Ello no obstante, existen algunas limitaciones de los Parlamentos abiertos que constituyen desafíos pendientes en la implementación de este modelo, dentro de un planteamiento que es nuevo y cambiante. Entre ellos podríamos citar los que tienen que ver con las cuestiones siguientes:

- Resistencia institucional: Muchos parlamentos se enfrentan a la inercia burocrática y a la falta de voluntad política para implementar verdaderos cambios. Este elemento tiene su paralelismo en el ámbito del gobierno y la administración, donde diversos estudios han constatado resistencias a la hora de implementar la transparencia en tales terrenos de la acción pública (Valle Escolano, 2020).

- Acceso desigual a la tecnología: La brecha digital puede excluir a ciertos sectores de la sociedad, tal y como concluye, entre otros, García Costa cuando señala que, dado que el acceso a las tecnologías de la información no está universalmente extendido, la publicidad parlamentaria podría ahondar en las diferencias entre aquellos que acceden a las TICs y los que no pueden. Y es que la publicidad parlamentaria no supone difusión de información, sino la posibilidad de acceder a ella (2020:13-14). La falta de garantía de acceso equitativo de la ciudadanía a dicha información exige arbitrar mecanismos que reduzcan la inequidad.

  En este sentido, el World e-Parliament Report (2010: 18) pone de manifiesto las variadas formas que pueden adoptar las barreras, tanto entre países como dentro de ellos. Y en esta línea, destaca la existencia de amplias brechas generacionales y educativas entre quienes son capaces de generar información y conocimiento utilizando herramientas basadas en la web e Internet y quienes no lo son. También existen barreras para la décima parte de la población mundial con discapacidades y para las personas cuyos idiomas no están adecuadamente representados en Internet. E incluso en las economías desarrolladas, todavía hay grandes zonas desatendidas a las que no llegan los servicios de banda ancha, como ocurre, por ejemplo, en ciertos territorios de la España rural.

- Uso riguroso y equitativo de las TIC: También en línea con la equidad, en determinadas experiencias de Parlamentos abiertos se han advertido indicios de un uso selectivo de las TIC para la difusión de las audiencias públicas y de las invitaciones a los ciudadanos que sí podían intervenir en estas, excluyendo la participación de personas víctimas de la violencia y primando la participación de las élites políticas e intelectuales (Rodríguez y Contreras, 2024).

- Simulación de apertura: De nuevo como ocurre en el caso de la transparencia en la Administración, algunos parlamentos adoptan medidas simbólicas de transparencia que no generan verdaderos cambios estructurales.
- Reparos normativos: Por su parte, Tudela Aranda (2020) critica, desde el punto de vista normativo, que no se hayan regulado de forma concreta las particularidades de la transparencia de las instituciones parlamentarias, señalando que existe una ausencia de una visión general sobre los Parlamentos abiertos, unida a una cierta confusión de conceptos.
- Medios y reformas necesarias: de nuevo es Tudela Aranda (2020) quien establece que el éxito de la implantación de los Parlamentos Abiertos pasa por la necesidad de realizar un esfuerzo logístico que refuerce de forma importante la estructura de medios personales y materiales del Parlamento, reformando al tiempo sus estructuras organizativas, de modo que respondan a las nuevas exigencias. El no hacerlo, puede constituir un importante hándicap.
- Información de calidad, clara y comprensible. Belmonte Peláez y Fernández Gutiérrez (2024) La cantidad de datos y de información que se pone a disposición de la ciudadanía a través de una multiplicidad de medios, representa ya un importante desafío para los Parlamentos; pero todavía lo es más el plantearse si todo el maremágnum documental cumple con unos mínimos estándares que contribuyan a los fines antes descritos, ya que el objetivo es que se proporcione una información clara y comprensible para el ciudadano medio. El suministro de datos excesivos, complicados o no comprensibles va en una dirección contraria a los objetivos perseguidos por los Parlamentos abiertos

En esta línea, el World e-Parliament Report (2010: 18-19), resalta la que denomina paradoja de la excesiva información. Una idea con la que identifica la dificultad que existe para muchos usuarios, a la hora de encontrar la información más relevante y fidedigna que necesitan en medio del creciente volumen de material disponible en línea. Los usuarios pueden verse fácilmente abrumados y frustrados por la ingente cantidad de datos, disponibles, y por ello, aún reconociendo el esfuerzo que han realizado algunos parlamentos poniendo a disposición de la ciudadanía un gran caudal de información, lo que los ciudadanos a menudo necesitan es un resumen objetivo de los temas más importantes y un mejor conocimiento del proceso legislativo.

- Riesgos para el diálogo democrático: También puestos de manifiesto por el World e-Parliament Report (2010: 20), cuando señala que, a pesar de los muchos aspectos positivos de la apertura parlamentaria, esta proporciona los medios para que individuos o grupos descontentos, existentes en todas las sociedades, lleven a cabo actividades destinadas a socavar las instituciones democráticas. Los observadores han señalado con preocupación que Internet permite a los extremistas expresar sus posiciones en una gran plataforma que les proporciona los medios necesarios, e instan a los Parlamentos, a medida que la gobernanza avance, a trabajar juntos para desarrollar las mejores prácticas basadas en experiencias compartidas y hallazgos de estudios académicos, con objeto de neutralizar estos riesgos.

Todas las circunstancias anteriores constituyen reparos a la mecánica de implantación de los Parlamentos abiertos, que operan como importantes desafíos a abordar en el desarrollo de una realidad que en nuestros días está dando sus primeros pasos. Sin embargo, deberán ser tenidos en cuenta, para conseguir contar con Cámaras legislativas que sean espacios políticos verdaderamente transparentes en su funcionamiento, en los que la ciudadanía pueda intervenir enriqueciendo el debate y fortaleciendo la democracia.

IV. EXPERIENCIAS RELEVANTES EN PARLAMENTARISMO ABIERTO

Pese a que la idea y el concepto de Parlamento abierto es relativamente reciente en su aparición, son numerosas las experiencias y prácticas que se han implantado y están en desarrollo desde su surgimiento. Una recopilación de las mismas de sumo interés se contiene en el estudio de Rubio Núñez y Vela Navarro (2017b), que sistematiza, describe y ofrece una revisión crítica de las más importantes. Con todo, en este apartado tan solo se expondrán brevemente como muestra algunas experiencias relevantes en parlamentarismo abierto, que puedan dar cuenta de los factores clave que conforman estas iniciativas, claves para la mantener el vigor del parlamentarismo, demandadas por la ciudadanía e imprescindibles en la sociedad actual.

A nivel internacional, destacan las experiencias en la materia de América Latina, donde redes como la *Alianza para el Parlamento Abierto*, surgida en México han impulsado la adopción de políticas de transparencia legislativa. Se trata de una coalición entre instituciones legislativas del país, Organizaciones de la Sociedad Civil y los órganos garantes de acceso a la información, para establecer una nueva relación entre representantes y representados, en términos de rendición de cuentas, acceso a la información, participación ciudadana y uso de tecnologías de la información. Es un movimiento cuyo objetivo es lograr que los 32 congresos locales y el Congreso de la Unión cumplan con los principios y acciones de un parlamento abierto, y se enmarca en un cambio institucional a gran escala en todos los Poderes de la Unión y en todos los niveles de gobierno para garantizar el derecho de acceso a la información, la apertura gubernamental, la participación ciudadana y la rendición de cuentas.

Asimismo, organismos como la OGP (Open Government Partnership[3]), empeñada en promover una gobernanza transparente,

---

[3] Alianza para el Gobierno Abierto (OGP) incluye 77 países y 150 gobiernos locales, que representan a más de dos mil millones de personas, y miles de organizaciones de la sociedad civil.

participativa, inclusiva y responsable, ha promovido compromisos específicos en la participación parlamentaria, considerada un elemento clave para lograr reformas ambiciosas de gobierno abierto. Muchas de las aspiraciones fundamentales del movimiento de gobierno abierto (perseguir enfoques de gobierno abierto basados en derechos, institucionalizar reformas, promover y proteger el espacio cívico o defender los procesos democráticos) requieren el apoyo de los parlamentos, que desempeñan un papel relevante en este contexto, mediante la adopción de medidas legislativas y presupuestarias para la reforma del gobierno abierto, garantizando la supervisión parlamentaria, la apertura de los procesos parlamentarios y la creación de espacios para el diálogo.

A nivel nacional, destaca el I Plan de Parlamento Abierto del Congreso de los Diputados (Congreso de los Diputados, 2025), un Plan previsto para el periodo 2024-2027, que se estructura en cuatro grandes ejes de actuación: 1) Transparencia y acceso a la información; 2) Participación; 3) Integridad y rendición de cuentas; 4) Sensibilización y formación.

Dentro del eje de participación, se han definido seis medidas que buscan fortalecer el diálogo entre la ciudadanía y sus representantes. Una de ellas es el refuerzo de la participación a través de la Oficina de la Ciencia (Oficina C), con consultas ciudadanas para elegir los temas sobre los que la Oficina elaborará sus informes anuales. Finalmente, el Plan subraya su gobernanza, y establece que, para que el mismo sea un documento dinámico y alineado con los principios de transparencia, participación ciudadana y co-creación, es conveniente establecer mecanismos que permitan la inclusión de aportaciones y mejoras procedentes de la ciudadanía, el tercer sector y otros actores relevantes.

Finalmente, en España, varias comunidades autónomas han comenzado a implementar iniciativas relacionadas con el modelo de Parlamento Abierto, promoviendo la transparencia, la participación ciudadana y la rendición de cuentas en sus respectivos parlamentos. Algunos ejemplos destacados los encontramos en el Parlamento Vasco, referente de este tipo de iniciativas (Portal de Transparencia, Participación Ciudadana, Datos Abiertos); en las

Cortes de Castilla y León (Datos Abiertos y Acceso a la Información; Pleno Online y Streaming); o el Parlamento de Canarias, que ha destacado por su enfoque en la accesibilidad (Transparencia Proactiva, Mecanismos de Participación). Muchos de estos parlamentos se han integrado en iniciativas nacionales o internacionales, como la Red de Parlamentos Abiertos de España, que busca compartir buenas prácticas y promover estándares comunes de transparencia y participación en todo el país.

V. REFLEXIONES FINALES

El análisis realizado nos ha permitido dibujar los perfiles conceptuales y principios ordenadores de los Parlamentos abiertos y mostrar los factores que han promovido su andadura, todavía reciente, en nuestro país. Su estudio nos lleva a realizar algunas breves, aunque interesantes, reflexiones.

En el marco de las instituciones del sistema político, las instituciones representativas constituyen una de las variables clave para medir el grado de calidad de la democracia. Su legitimidad descansa en gran medida en constituirse en escenarios transparentes y abiertos al público. De ahí que en nuestros días sea fundamental e innegociable el que los órganos legislativos desarrollen un mayor compromiso con la transparencia y la participación ciudadana en el trabajo parlamentario, y en este sentido los Parlamentos abiertos están llamados a ocupar un lugar central en el esquema de intervención ciudadana en democracia. La apertura parlamentaria constituye una oportunidad inmejorable de contribuir a la mejora de la práctica parlamentaria y la democracia representativa.

Los parlamentos abiertos se han desarrollado gracias a las TIC, pero una verdadera apertura no depende tan solo de un mayor grado de aplicación de innovaciones tecnológicas. Por el contrario, convengo con López Hernández (2024:56) que la digitalización debe ir acompañada de un esfuerzo institucional que procure una Administración parlamentaria transparente, una efectiva participación ciudadana y una asunción real de que la información y documentación parlamentaria es también patrimonio de los representados y debe involucrar en su garantía a los representantes.

La transparencia de las cámaras no puede limitarse a los estándares de cumplimiento de la publicidad activa, debe ser algo más, y orientarse en gran medida a la rendición de cuentas. Y las limitaciones y hándicaps de la transparencia en la Administración son también comunes a la institución parlamentaria, es decir, que los reparos existentes a la implantación de una verdadera transparencia en el ámbito público en nuestro país (lenguaje claro, mayor accesibilidad, vencimiento de resistencias, mayores medios…) son igualmente aplicables a las cámaras legislativas.

Junto a la transparencia, la participación de la ciudadanía es un elemento esencial de los Parlamentos abiertos, y debe instrumentarse de modo interactivo, en una doble dirección. Para alcanzarla, debemos además profundizar no solo en mecanismos propios de la democracia participativa, sino también en los procedimientos propios de la democracia representativa (López Hernández (2024:57), situando la participación en su justo lugar. Como señala Rubio Núñez (2014: 413), no se trata de prometer a los ciudadanos un papel decisorio que no les corresponde en el diseño actual de la democracia, sino de ofrecer espacios de deliberación democrática de carácter público y abiertos. Su efectiva instrumentación supondrá el tránsito de la política vigilada a la política participada (Gutiérrez Rubí, 2013: 8). Otro elemento esencial es la colaboración con organizaciones de la sociedad civil, con entidades del tejido social, así como la colaboración institucional, que constituye asimismo una pieza fundamental en el esquema de los Parlamentos abiertos.

En España, tanto a nivel central como autonómico, se han dado importantes pasos en la implantación de los Parlamentos abiertos, siendo visibles las transformaciones existentes en términos de mayor apertura, desde un modelo parlamentario clásico. Sin embargo, queda aún un importante espacio para la mejora, y en su recorrido es esencial la colaboración Interinstitucional, participando en iniciativas como redes nacionales e internacionales de Parlamentos Abiertos.

En suma, los Parlamentos abiertos constituyen una gran oportunidad para la mejora de nuestra calidad democrática. (Gutiérrez Rubí, 2013:8), y su existencia se inserta en un camino, el de la transparencia, la participación y la mejora de la democracia, en el que hoy en día no hay marcha atrás.

VI. REFERENCIAS BIBLIOGRÁFICAS

Alianza para el Parlamento Abierto. https://www.parlamentoabierto.mx/

Aranda Álvarez, E. (2017). Parlamento abierto»: una visión desde los principios de funcionamiento de las cámaras parlamentarias. *Revista Española de Derecho Constitucional*, 111, 13-43. doi: https://doi.org/10.18042/cepc/redc.111.01

Armstrong, E. (2005). *Integrity, transparency and accountability in public administration: recend trends, regional and international developments and emerging issues.* New York: United Nations.

Bellamy, C. (2000). Modelling electronic democracy: Towards democratic discourses for an information age. En J. Hoff, I. Horrocks y P. Tops (eds.). *Democratic Governance and New Technology*, pp. 34-54. Londres: Toutkedge.

Belmonte Peláez, B., Fernández Gutiérrez, M. (2024). Transparencia parlamentaria. En Visiedo Mazón, F. J. (Coord.). *El parlamento contemporáneo: El presente y sus retos.* XXV Jornadas de la Asociación Española de Letrados de Parlamentos págs. 131-156.

Bertot, J.C.; Jaeger, P. T. & Grimes, J. M. (2010). Using ICTs to create a culture of transparency: E-government and social media as openness and anti-corruption tools for societies. *Government Information Quarterly* 27, pp. 264-271. https://doi.org/10.1016/j.giq.2010.03.001

Bonsón, E.; Torres, L.; Royo, S. & Flores, F. (2012). Local e-government 2.0: Social media and corporate transparency in municipalities. *Government Information Quarterly* 29, pp. 123-132. https://doi.org/10.1016/j.giq.2011.10.001

Bovens, M. (2007). Public Accountability. A framework for the analysis and assessment of accountability arrangements in the public domain. *The Oxford Handbook of Public Management.* DOI: 10.1093/oxfordhb/9780199226443.003.0009

Campos Domínguez, E. (2013). ¿Qué hay de nuevo, viejo? Del debate académico a la acción cívica. En Ramos, I., Campos, E. y Gonzalo, M. A. *Parlamentos Abiertos A La Sociedad. Participación y Monitorización*, Op. Cit., pp 21-24.

Cotino Hueso, L. (2013). Derecho y «gobierno abierto». La regulación de la transparencia y la participación y su ejercicio a través del uso de las nuevas tecnologías y las redes sociales por las Administraciones públicas: Propuestas concretas. *Revista Aragonesa de Administración Pública*, N° Extra 14, págs. 51-92

Cebrián Zazurca, E. (2012). Democracia y Tecnología en época de crisis, Deliberación, *Revista para la mejora de la calidad democrática*, núm. 2, pp. 57-69.

Congreso de los Diputados (2025). I Plan de Parlamento Abierto del Congreso de los Diputados. https://www.oficinac.es/es/actualidad/i-plan-de-parlamento-abierto-del-congreso-de-los-diputados

Cunill, N. (2006). La transparencia en la gestión pública. ¿Cómo construirle viabilidad? Estado, Gobierno, Gestión pública. *Revista chilena de Administración pública*, pp. 22-44

Dabbagh, V. O. (2016). La ley de transparencia y la corrupción. aspectos generales y percepciones de la ciudadanía española. *Aposta, Revista de Ciencias Sociales* n° 68, 83-106.

Ferrajoli, L. (2011). *Poderes salvajes. La crisis de la democracia constitucional.* Madrid: Trotta

Fox, J. (2007). *The Uncertain Relationship between Transparency and Accountability. Development in Practice*, 17 (4-5), pp. 663-671.

García Costa, F. M. (2020). La democracia electrónica como significado de la expresión constitucional «sociedad democrática avanzada». En Pérez Miras, A., Teruel Lozano, G. M., Raffiotta, E. y Iadicco, M. P. *Setenta años de Constitución Italiana y cuarenta años de Constitución Española.* Centro de Estudios Políticos y Constitucionales, pp. 101-120.

Gascó-Hernández, Mila (2014). *Guía de Buenas Prácticas de Gobierno Abierto.* Bogotá: Observatics – Universidad Externado de Colombia.

Giddens, A. (1996). *Más allá de la izquierda y la derecha. El futuro de las políticas radicales.* Madrid: Cátedra.

Global Centre for ICT in Parliament. (2010). World e-Parliament Report https://www.ipu.org/resources/publications/reports/2016-07/world-e-parliament-report-2010

Guadián Orta, C. (2009). Open Government, un concepto nuevo. En http://www.k-government.com/2009/12/01/open_government_un_concepto_nuevo/

Guichot Reina, E. (2014). El sentido, el contexto y la tramitación de la Ley de transparencia, acceso a la información pública y buen gobierno. En Guichot Reina, E. (coord.). *Transparencia, acceso a la información pública y buen gobierno. Estudio de la Ley 19/2013, de 9 de diciembre.* Madrid: Tecnos., pp. 17-34.

Gutiérrez Rubí, A. (2013). Prólogo. En Ramos, I., Campos, E. y Gonzalo, M. A. *Parlamentos Abiertos A La Sociedad. Participación y Monitorización*, pp. 7-9.

Leston-Bandeira, C. (2012). Studying the Relationship between Parliament and Citizens. *The Journal of Legislative Studies*, 18(3-4), págs. 265-274.

Ley 19/2013, de 9 de diciembre, de transparencia, acceso a la información pública y buen gobierno. «BOE» núm. 295, de 10/12/2013. https://www.boe.es/eli/es/l/2013/12/09/19/con

Lipset, S. M. (1992). Algunos requisitos sociales de la democracia. Desarrollo económico y legitimidad política. En Batlle i Rubio, A. (Coord.). *Diez textos básicos de ciencia política*, pp. 113-150. Barcelona: Ariel.

López Hernández, F. J. (2024). Indicadores de parlamento abierto en las asambleas regionales de los estados de la Unión Europea. *Legebiltzarreko Aldizkaria - LEGAL - Revista del Parlamento Vasco*, 5: 22-61https://doi.org/10.47984/legal.2024.004

Masuda, Y. (1984). *La sociedad informatizada como sociedad postindustrial.* Madrid: Fundesco, Tecnos.

Merino, M. (2005). El desafío de la transparencia. Una revisión de las normas de acceso a la información pública en las entidades federativas de México. En *Democracia y Transparencia.* Instituto Electoral del Distrito Federal. México DF.

Mulgan, R. (2012). Transparency and Public Sector Performance. Report prepared for the Australia and New Zealand School of Government, pp. 1-27. En https://www.oic.qld.gov.au/__data/assets/pdf_file/0019/7651/93_1-Mulgan-Transparency-and-Public-Sector-Performance_0.pdf

Obama. B. (2009). *Transparency and Open Government, Memorandum for the Heads of Executive Departments and Agencies.* En http://www.whitehouse.gov/the_press_office/TransparencyandOpenGovernment

Open Government Partnership. https://www.opengovpartnership.org/

Peral, A. (2013). Apertura parlamentaria. Una introducción teórica al parlamento. En Ramos, I., Campos, E. y Gonzalo, M. A. *Parlamentos Abiertos A La Sociedad. Participación y Monitorización.* Op. Cit, pp. 11-20.

Ponce Solé, J. (2013). La prevención de la corrupción mediante la garantía del derecho a un buen gobierno y a una buena administración en el ámbito local (con referencias al Proyecto de Ley de transparencia, acceso a la información pública y buen gobierno). *Anuario del Gobierno Local* 1, pp. 93-140

Przeworski, A. (2010). *Democracy and the Limits of Self-Government.* Nueva York: Cambridge University Press.

Ramírez-Alujas, A. V. (2011). Gobierno abierto y modernización de la gestión pública: tendencias actuales y el (inevitable) camino que viene. Reflexiones seminales. *Revista Enfoques* 15, 99-125

Ramos, I., Campos, E. y Gonzalo, M. A. (2013). Parlamentos Abiertos A La Sociedad. Participación y Monitorización. Madrid: Fundación IDEAS

Red Lines (2021). *White Book Parlamentos Abiertos. Guía de Buenas Prácticas.* https://redlines.es/wp-content/uploads/2022/07/160221-whitebook_parlamentos-red.pdf

Reglamento de las Cortes de Aragón aprobado en Sesión Plenaria celebrada el día 28 de junio de 201. https://www.boe.es/eli/es-ar/reg/2017/06/28/(1)

Reglamento del Parlamento de Cataluña (2018). https://www.parlament.cat/document/cataleg/165485.pdf

Rodríguez Robledo, J. A. y Contreras Manrique, J. C. (2024). El uso oculto de las tecnologías de información y comunicación en la participación ciudadana del parlamento abierto. *Sintaxis,* (13), 15-34. https://doi.org/10.36105/stx.2024n13.03

Rousseau, J. J. (1982). *El contrato social.* Madrid: Edaf.

Rubio Núñez, R. (2009). Quiero ser como Obama (Me pido una red social). *Cuadernos de pensamiento político FAES,* Fundación para el análisis y los estudios sociales, mº 21, pp. 123-154.

— (2011). Las redes sociales en las administraciones: ¿periodo de pruebas? En Cotino Hueso, L. (coord). *Libertades de expresión e información en Internet y las redes sociales: ejercicio, amenazas y garantías,* pp. 149-159

— (2013). Gobierno abierto, más allá de los principios. *Nueva revista de política, cultura y arte,* nº 145, pp. 2-12.

— (coord.). (2014). Knocking on the Parliaments door (Parlamentos digitales en la era de la participación). En Rubio Núñez, R. (coord.). *Parlamentos abiertos. Tecnología y redes para la democracia,* pp. 389-418. Madrid: Congreso de los Diputados

Rubio Núñez, R., Vela Navarro-Rubio, R. (2017a). Universitat Oberta de Catalunya, UOC.

— (2017b). *El Parlamento abierto en el mundo, evolución y buenas prácticas: 125 instrumentos de apertura parlamentaria.* Zaragoza: Fundación Manuel Giménez Abad de Estudios Parlamentarios y del Estado Autonómico.

Sartori, G. (1998). *Homo videns. La sociedad teledirigida*. Madrid: Taurus

Schedler, A. (2011). ¿Qué es la rendición de cuentas? En Sosa, J. (ed.) (2011). Transparencia y rendición de cuentas. DF México: Siglo XXI Editores, pp. 77-106.

Toffler, A. (1989). *La tercera ola*. Barcelona: Plaza y Janés

Tudela Aranda, J. (2020). De la publicidad a la permeabilidad: transparencia, publicidad y derecho a la información en el nuevo parlamento. Un esbozo de crítica del parlamento abierto. En Pérez Miras, A., Teruel Lozano, G. M., Raffiotta, E. y Iadicco, M. P. *Setenta años de Constitución Italiana y cuarenta años de Constitución Española*. Op. cit, pp. 121-148.

Valle Escolano, R. (2020). *Arrojando luz sobre la gestión municipal: el necesario camino hacia la transparencia de los municipios españoles*. CEMCI, Centro de Estudios Municipales de Cooperación Internacional, Diputación de Granada

Van Dijk, J. A. G. M. (2013). *Digital democracy: Vision and reality*. https://www.utwente.nl/en/bms/vandijk/research/itv/itv_plaatje/Digital%20Democracy-%20Vision%20and%20Reality.pdf

Villoría Mendieta, M. (2012). Transparencia y valor de la transparencia. Marco conceptual. En Jiménez Asencio, R.; Lizcano Álvarez, J.; Villoria Mendieta, M. (2012). *La transparencia en los gobiernos locales: una apuesta de futuro*. Fundación Democracia y Gobierno local, pp. 7-28. Disponible en: http://www.gobiernolocal.org/docs/publicaciones/Transparencia_ponencias2.pdf

Villoria Mendieta, M. y Cruz-Rubio, C. (2015). Govern Obert, transparència i rendició de comptes: marc conceptual. Villoria Mendieta, M. (Dir); Forcadell Esteller, X. (Coord.) Bon Govern, Transparència i Integritat Institucional al Govern Local. Barcelona: Tecnos, Diputació de Barcelona

La participación electoral en la Comunidad Valenciana[1]

JORGE CASTELLANOS CLARAMUNT
Profesor Titular de Derecho Constitucional
Universitat de València

I. INTRODUCCIÓN

La participación electoral se constituye como el pilar sobre el que se asienta la legitimidad de cualquier sistema democrático. En el caso de la Comunidad Valenciana, esta forma de participación trasciende el mero acto de emitir un voto en las urnas ya que es, en esencia, el mecanismo que articula la relación entre la ciudadanía y las instituciones autonómicas, permitiendo que las decisiones colectivas sean el reflejo de una voluntad popular diversa y plural.

La historia democrática reciente de España, y por ende de la Comunidad Valenciana, está profundamente marcada por el reconocimiento del derecho al sufragio como una herramienta de transformación y consolidación del sistema político. Así, desde la aprobación del Estatuto de Autonomía en 1982, los valencianos han tenido la oportunidad de elegir a sus representantes en *Les Corts*, configurando con ello la composición del órgano legislativo que simboliza la autonomía y define el devenir de sus políticas públicas. Este acto es un testimonio de cómo el voto no solo otorga poder a quienes gobiernan, sino que establece un contrato implícito entre representantes y representados, en el que la rendición

---

[1] Este trabajo se ha realizado en el marco del grupo de investigación GIUV2016-270: Régimen jurídico constitucional de las libertades, el gobierno abierto y el uso de las nuevas tecnologías —clrfoguit.

de cuentas y la alternancia en el poder son elementos imprescindibles.

El acto de votar, sin embargo, no se agota en su dimensión técnica ni en su carácter periódico. En una comunidad autónoma como la valenciana, que ha visto evolucionar sus dinámicas políticas y sociales en las últimas décadas, la participación electoral es también un termómetro de la implicación ciudadana en los asuntos públicos ya que cada proceso electoral encapsula las preocupaciones, aspiraciones y demandas de una sociedad que, aunque inmersa en un marco nacional, encuentra en su ámbito autonómico un espacio específico para el reconocimiento de sus peculiaridades culturales, lingüísticas y económicas. El voto se convierte, así, en una herramienta de expresión identitaria que refuerza la cohesión territorial y la integración de una pluralidad de voces en el marco del autogobierno.

De esta manera, la participación electoral, como motor del funcionamiento democrático en la Comunidad Valenciana, se erige no solo como un derecho, sino también como una responsabilidad compartida puesto que es el acto mediante el cual la ciudadanía se apropia del espacio público y define, a través de su pluralidad, las directrices de su presente y su futuro como colectividad.

II. MARCO NORMATIVO DE LA PARTICIPACIÓN ELECTORAL EN LA COMUNIDAD VALENCIANA

1. *Desde la aprobación del Estatuto de Autonomía hasta la Ley electoral valenciana de 1987*

Desde la aprobación del Estatuto de Autonomía de la Comunidad Valenciana en 1982, se inició un proceso legislativo que configuraría las bases normativas de la participación electoral en esta comunidad autónoma (Martínez, 2020). El Estatuto, concebido como la norma institucional básica, estableció un marco de autogobierno que incluía competencias en diversos ámbitos, entre los que destacaba la organización de las elecciones a las Cortes Valencianas (Castellanos, 2023). Este diseño jurídico no solo respondía a la necesidad de adaptar el sistema político al nuevo orden constitucional derivado de la Constitución de 1978, sino que también buscaba consolidar un modelo que armonizara las singularidades del territorio valenciano con las exigencias del sistema democrático español (Garrido, 2012).

En este contexto, la participación electoral en la Comunidad Valenciana comenzó a regularse bajo la influencia de la normativa estatal vigente, particularmente la Ley Orgánica del Régimen Electoral General (en adelante, LOREG), que establecía las directrices generales para los procesos electorales en España. Sin embargo, la especificidad de las elecciones autonómicas exigía la elaboración de una normativa propia que atendiera a las particularidades del territorio y las necesidades políticas del momento, de modo que este proceso culminó en 1987 con la promulgación de la Ley Electoral Valenciana, un texto que proporcionó un marco normativo específico y detallado para la celebración de elecciones en la Comunidad Valenciana (Calvet,2010).

El intervalo entre la entrada en vigor del Estatuto de Autonomía y la aprobación de esta ley estuvo caracterizado por un período de transición en el que los comicios se celebraron bajo el amparo de disposiciones provisionales (Sánchez, 2023). Así, en las primeras elecciones autonómicas de 1983 se garantizó el desarrollo de un proceso electoral conforme a los principios democráticos, aunque sin atender aún a las particularidades que, más adelante, se recogerían en la legislación autonómica. Este vacío normativo fue progresivamente colmado por debates políticos y jurídicos orientados a diseñar una ley propia que conjugara los principios generales del sistema electoral español con las necesidades específicas del autogobierno valenciano.

2. *Características principales de la Ley Electoral Valenciana*

La Ley 1/1987, de 31 de marzo, electoral valenciana, establece el marco jurídico para la elección de los miembros de *Les Corts.*

Esta norma fija las bases sobre las que se organiza la representación política en el ámbito autonómico, adaptando principios generales del derecho electoral a las singularidades de la estructura institucional y territorial valenciana. Cabe indicar que, al optar por una fórmula proporcional, basada en el método d'Hondt, se garantiza una representación ajustada a la diversidad ideológica, a la vez que se establece un equilibrio necesario entre la eficacia en la formación de mayorías parlamentarias y la inclusión de minorías significativas[2]. Este modelo se organiza sobre la base de tres circunscripciones electorales: Alicante, Castellón y Valencia, reflejo de la configuración provincial de la Comunidad, lo que introduce un elemento de proporcionalidad territorial que modula el peso de las poblaciones más densamente habitadas[3]. En este sentido, el sistema busca un equilibrio que permita incorporar voces diversas al mismo tiempo que garantiza la eficacia representativa.

La Ley electoral valenciana también fija un umbral mínimo del 5 % de los votos válidos emitidos a nivel autonómico para acceder a la distribución de escaños, lo que algunos autores consideran que es una "barrera legal hipercualificada" y que otorga un toque singular a la normativa valenciana (Lucas, 2024). Este requisito, diseñado para evitar la fragmentación parlamentaria, tiene como efecto la exclusión de aquellas formaciones políticas que no alcanzan un respaldo significativo, con el fin de preservar la gobernabilidad y la estabilidad institucional. No obstante, este mecanismo ha sido objeto de debate recurrente, pues plantea interrogantes sobre su impacto en la pluralidad política y su capaci-

---

2 El método de reparto proporcional basado en la fórmula d'Hondt, aplicado dentro de cada circunscripción, no solo determina la asignación de escaños en función de los resultados, sino que también condiciona las estrategias políticas y electorales de los partidos, que deben articular sus propuestas para captar apoyos en contextos demográficos y culturales dispares.

3 El total de 99 escaños de las Corts Valencianes se reparte entre las tres provincias en función de su población, aunque hay un mínimo de 20 garantizado para cada circunscripción. El reparto es el siguiente: Alicante 35 escaños, Castellón 24 escaños, y Valencia 40 escaños.

dad para reflejar fielmente las preferencias del electorado en su conjunto (Oliver,2017).

Otro elemento destacable de la normativa es su regulación precisa de los procedimientos electorales, desde la convocatoria de elecciones[4] hasta la proclamación de resultados[5]. Así, este diseño incluye disposiciones sobre la composición de las mesas electorales, la administración del proceso y las garantías de transparencia e imparcialidad, aspectos que son fundamentales para generar confianza en el sistema y asegurar que los resultados sean el fiel reflejo de la voluntad ciudadana.

Además, la ley incorpora la supervisión de las campañas electorales, estableciendo límites y controles que buscan garantizar la igualdad de oportunidades entre las candidaturas y prevenir desequilibrios derivados de desigualdades económicas o mediáticas.

III. PARTICIPACIÓN ELECTORAL EN LAS ELECCIONES AUTONÓMICAS VALENCIANAS

El comportamiento electoral en la Comunidad Valenciana no solo ha estado marcado por las cifras de participación, sino también por las dinámicas territoriales que, de manera silenciosa pero persistente, han tejido una compleja trama de relaciones entre las zonas urbanas, las áreas rurales y las diversas comarcas que componen su geografía política. La distribución del voto y la intensidad de la participación han delineado un mapa donde las características locales adquieren un protagonismo que trasciende las generalizaciones nacionales.

En las grandes ciudades como Valencia, Alicante y Castellón, la lógica del voto suele estar influida por factores asociados a la modernización urbana, el peso de las clases medias y el impacto

---

4 Artículo 14. Ley 1/1987, de 31 de marzo, electoral valenciana

5 Artículo 36. Ley 1/1987, de 31 de marzo, electoral valenciana.

de los problemas comunes a los grandes núcleos poblacionales, como el empleo, el transporte o la vivienda. Estas urbes han sido, históricamente, espacios de mayor politización y movilización electoral, con tasas de participación que, aunque variables, suelen superar la media autonómica. Al mismo tiempo, la volatilidad del voto en estas áreas refleja la presencia de un electorado más proclive al cambio y a la evaluación crítica de las propuestas políticas.

En contraste, las zonas rurales presentan una dinámica electoral más estable, con un mayor grado de fidelidad hacia determinados partidos que, en muchos casos, han sabido vincularse de manera más directa a las necesidades de estas comunidades. Este arraigo no es casual, sino que responde a décadas de construcción de redes de proximidad, donde las relaciones personales y la visibilidad de los representantes locales juegan un papel decisivo.

Las comarcas del interior, con menor densidad poblacional y una economía vinculada en gran medida a actividades como la agricultura, ofrecen un contraste interesante respecto a las áreas costeras, más dinámicas y diversificadas. Estas diferencias se reflejan no solo en los niveles de participación, que tienden a ser más bajos en el interior, sino también en la dirección del voto, con un apoyo más consistente a opciones percibidas como conservadoras o centradas en la defensa de los intereses locales. La excepción a esta tendencia ha surgido en ocasiones de fenómenos coyunturales, como la irrupción de nuevas formaciones políticas que han sabido canalizar demandas específicas o movilizar el descontento ante problemas estructurales.

En las áreas costeras, la participación electoral tiene matices propios ya que la movilidad de los residentes, la temporalidad del trabajo y la diversidad cultural generan patrones de voto fragmentados, con sectores de la población que participan activamente y otros que permanecen al margen del proceso político.

Por último, las peculiaridades lingüísticas y culturales también han ejercido una influencia sobre el comportamiento electoral en distintas áreas. Las zonas con mayor uso del valenciano, por ejemplo, han mostrado en algunos casos una mayor propensión a apoyar a partidos que incluyen en su discurso la defensa de la identidad cultural valenciana.

1. Evolución de la participación ciudadana en los distintos comicios

La evolución de la participación ciudadana en los comicios de la Comunidad Valenciana ofrece una rica perspectiva sobre las dinámicas políticas, sociales y culturales que han modelado la implicación de los ciudadanos en la elección de sus representantes. Desde la instauración de las elecciones autonómicas en 1983, tras la aprobación del Estatuto de Autonomía de la Comunidad Valenciana, el comportamiento electoral ha fluctuado, reflejando tanto la consolidación de la democracia como los retos específicos del contexto autonómico.

En las primeras elecciones autonómicas, celebradas en el marco de una España aún en proceso de afianzar sus instituciones democráticas, la participación en la Comunidad Valenciana fue relativamente alta. Este fenómeno no solo evidenciaba el entusiasmo por las nuevas posibilidades de representación política, sino también el interés por definir el autogobierno en una comunidad con una identidad cultural y lingüística propia, que encontraba en este momento histórico una oportunidad para su reconocimiento institucional. Sin embargo, con el paso de las décadas, este ímpetu inicial ha mostrado oscilaciones marcadas por factores tanto estructurales como coyunturales (Sánchez,2023).

Todo ello permite identificar una tendencia general hacia la disminución progresiva del interés por las elecciones autonómicas, especialmente cuando estas no coinciden con elecciones generales. Este descenso puede atribuirse a la percepción de que los comicios autonómicos tienen un impacto menor que los generales, a pesar de su relevancia en la gestión de competencias clave como la sanidad, la educación y las políticas linguisticas. Esta situación contrasta con el comportamiento en elecciones municipales, donde la proximidad de los representantes y las decisiones que afectan al entorno inmediato suelen incentivar una mayor implicación ciudadana (Castellanos,2020).

El contexto político específico también ha influido significativamente en la participación. En momentos de intensa polarización o cuando se percibe que las elecciones pueden suponer un cambio decisivo en el equilibrio de poder, como ocurrió en las elecciones autonómicas de 1995 y 2015, los niveles de participación tienden a incrementarse. En contraste, la desafección hacia los partidos tradicionales, especialmente evidente durante la crisis económica y política que marcó la segunda década del siglo XXI, ha llevado a un aumento de la abstención, que en algunos casos ha alcanzado cifras preocupantes.

Por otra parte, las dinámicas de participación no son homogéneas en todo el territorio de la Comunidad Valenciana. Las áreas urbanas y metropolitanas suelen registrar una participación más elevada que las zonas rurales, donde los patrones de voto pueden estar condicionados por factores como la estructura demográfica o la dispersión territorial. Asimismo, las diferencias generacionales y socioeconómicas también se hacen evidentes ya que los votantes mayores y con mayor estabilidad económica tienden a participar más activamente que los jóvenes o aquellos en situaciones de precariedad (Ortega Villodres et al., 2024).

Además, las campañas electorales y los esfuerzos de movilización también han dejado su huella en la evolución de la participación ya que la introducción de nuevas tecnologías, las redes sociales y los debates televisados han transformado la manera en que los ciudadanos se informan y toman decisiones sobre su voto, pero estas herramientas no siempre han logrado revertir las tendencias de abstención (García y Del Orbe, 2021), especialmente en contextos de desencanto generalizado hacia las instituciones políticas.

1.1. Hegemonía del PSOE (1983-1995)

Durante el periodo comprendido entre 1983 y 1995, el Partido Socialista Obrero Español (en adelante, PSOE) consolidó su hegemonía en la Comunidad Valenciana, logrando un dominio electoral que reflejaba el optimismo y la confianza generados por la reciente transición democrática. En este contexto de transformación política, las primeras elecciones autonómicas de 1983 marcaron un hito en la configuración del panorama institucional valenciano, donde el PSOE se posicionó como la fuerza política predominante, articulando un discurso que conectaba con las aspiraciones de una ciudadanía deseosa de estabilidad y progreso. Esta conexión, cimentada en un proyecto político de amplio calado social y económico, permitió al partido mantener su preeminencia durante tres convocatorias consecutivas, en las que obtuvo mayorías absolutas o gobernó con el respaldo de otras fuerzas de izquierda, como el Partido Comunista y, posteriormente, Izquierda Unida.

La estructura del apoyo electoral socialista durante este periodo se caracterizó por una notable fortaleza en las áreas urbanas e industriales, con un respaldo especialmente significativo en las ciudades de Valencia y Alicante. Estas áreas, marcadas por un tejido socioeconómico vinculado a la industria y a sectores emergentes del ámbito urbano, se convirtieron en baluartes del voto progresista, consolidando al PSOE como el partido que mejor representaba los intereses y aspiraciones de la clase trabajadora y de segmentos urbanos con valores alineados con los principios de justicia social y modernización económica. Esta base social, enraizada en un electorado mayoritariamente obrero, se movilizó con intensidad, reflejando una participación elevada que, más allá de la coyuntura política, respondía también al contexto histórico de una democracia en construcción.

El reciente carácter democrático de las instituciones y la cercanía temporal con la dictadura imprimían a los procesos electorales una trascendencia que movilizaba a amplios sectores de la población, animados por el deseo de consolidar las conquistas políticas y sociales alcanzadas tras años de autoritarismo. El discurso socialista, con un énfasis en políticas inclusivas y de desarrollo regional, encontraba eco en una sociedad que comenzaba a experimentar transformaciones económicas y culturales significativas, al tiempo que se enfrentaba a los desafíos inherentes a la integración plena en el nuevo sistema autonómico.

Asimismo, el periodo de hegemonía del PSOE estuvo marcado por una articulación efectiva de las redes institucionales que fortalecieron su presencia en el territorio, destacando una capacidad de interlocución con diferentes actores sociales y políticos que facilitó su continuidad en el poder. Este vínculo, sostenido en una narrativa de progreso y mejora de las condiciones de vida, fue clave para mantener una relación fluida con un electorado que, pese a las tensiones inherentes a cualquier proyecto político prolongado, mostró una fidelidad notable hacia el partido en estos años iniciales de la democracia autonómica (Roig y Castellanos, 2023).

1.2. Hegemonía del Partido Popular (1995-2015)

El periodo comprendido entre 1995 y 2015 marcó una etapa de hegemonía política del Partido Popular en la Comunidad Valenciana (en adelante, PP), un dominio que se extendió durante dos décadas y transformó profundamente el panorama político y social de la región (Martin Cubas, 2007). Este cambio de liderazgo comenzó con las elecciones autonómicas de 1995, en las que el PP logró desbancar al PSOE, capitalizando un clima de descontento generado por la crisis económica de los años noventa y por la fragmentación interna que debilitaba a las fuerzas de izquierda. Este contexto permitió al PP posicionarse como una alternativa sólida, amparada en un discurso que apelaba a la estabilidad, el desarrollo y el orgullo identitario valenciano, resonando con un electorado que buscaba respuestas ante el desgaste percibido en el proyecto socialista, tanto a nivel autonómico como nacional.

El éxito del Partido Popular durante este periodo se tradujo en resultados electorales contundentes, con mayorías absolutas en 1999, 2003, 2007 y 2011. Estas victorias reflejaron la capacidad del partido para construir una base electoral amplia y diversa, integrada por sectores clave de la sociedad valenciana. En particular, el PP consolidó su fuerza en las zonas rurales, donde su discurso sobre la defensa de las tradiciones y la gestión territorial conectó con las comunidades locales, y en áreas de mayor desarrollo económico y turístico, como la Costa Blanca, donde el dinamismo económico y el auge del turismo sirvieron como plataforma para destacar su propuesta de modernización infraestructural. Esta articulación territorial fue fundamental para consolidar un proyecto político que trascendía los ciclos económicos y se adaptaba a las especificidades de cada región dentro del territorio valenciano.

El electorado del Partido Popular durante este periodo estuvo conformado principalmente por amplios sectores de la clase media, así como por empresarios y profesionales vinculados al tejido económico regional, quienes encontraron en el PP una propuesta que priorizaba la estabilidad y el desarrollo. El énfasis en políticas de infraestructura, como la mejora de la red de transporte y la construcción de grandes proyectos emblemáticos, se convirtió en un pilar de su estrategia para reforzar su imagen como gestor eficiente y modernizador. Asimismo, el partido cultivó un discurso que exaltaba los valores culturales valencianos, integrándolos en una narrativa política que apelaba al orgullo regional y al sentido de pertenencia, elementos que le permitieron mantener un respaldo significativo incluso en momentos de dificultades económicas.

Sin embargo, los últimos años de esta etapa estuvieron marcados por un desgaste creciente, no solo debido al impacto de la crisis financiera global de 2008, sino también por la proliferación de casos de corrupción que afectaron a la credibilidad del partido. Escándalos como el *caso Gürtel* y otras investigaciones relacionadas con prácticas corruptas pusieron en cuestión la gestión del PP, erosionando la confianza de sectores clave de su electorado y abriendo un espacio para el resurgimiento de fuerzas políticas alternativas. Estos acontecimientos, que alcanzaron una notable relevancia mediática y social, añadieron tensiones internas y externas que, aunque no destruyeron inmediatamente su hegemonía, sembraron las bases para el cambio político que se materializaría en 2015(Roig y Castellanos, 2023).

1.3. El auge del multipartidismo y el cambio de ciclo político (2015-presente)

El escenario político de la Comunidad Valenciana experimentó una transformación profunda a partir de las elecciones autonómicas de 2015, marcando el inicio de un ciclo caracterizado por el auge del multipartidismo y la fragmentación del voto (Martín Cubas et al., 2015). Este cambio, impulsado por la irrupción de nuevas formaciones políticas como Compromís, Ciudadanos, Podemos y, más recientemente, Vox, supuso un desafío para el modelo de alternancia bipartidista que había predominado durante décadas. En este contexto, el Partido Popular, que había mantenido una hegemonía casi ininterrumpida desde 1995, perdió la mayoría absoluta, un hecho que marcó un punto de inflexión en la dinámica electoral y abrió las puertas a la formación de nuevos equilibrios de poder (Martin Cubas, 2015).

Las elecciones de 2015 reflejaron con claridad la consolidación de un electorado más diversificado y plural, en el que las alianzas se hicieron imprescindibles para garantizar la gobernabilidad. La fragmentación del voto permitió la conformación del denominado Acord del Botànic, una coalición progresista encabezada por el PSOE e integrada por Compromís y Podemos, que asumió el liderazgo institucional con un proyecto que pretendía alejarse de las dinámicas de gestión anteriores y situar la agenda social y medioambiental en el centro del debate político. Este pacto no solo representó un cambio de orientación en las políticas autonómicas, sino también una nueva forma de gobernanza, basada en el consenso entre partidos con sensibilidades diversas (Montiel y Guillén, 2019).

En 2019, el escenario se mantuvo en términos generales, consolidándose el segundo gobierno del Botànic, con una estructura renovada que incluyó a Unides Podem como parte de la coalición. Sin embargo, el panorama político continuó evolucionando, reflejando la irrupción de nuevas corrientes y tensiones ideológicas (Pavia y Aybar, 2020). El ingreso de Vox en las Corts Valencianes marcó una inflexión en el ámbito del voto conservador, mostrando un crecimiento del apoyo a opciones más radicales en su discurso y agenda. Este avance de Vox se produjo en un contexto de polarización creciente, que intensificó la competencia electoral y reforzó la percepción de un sistema político cada vez más fragmentado, en el que las mayorías absolutas parecían convertirse en un fenómeno del pasado.

La dinámica cambió nuevamente en las elecciones de 2023, cuando el Partido Popular recuperó protagonismo y, aunque sin alcanzar la mayoría absoluta, logró formar gobierno con el apoyo de Vox. Este retorno al poder por parte del PP evidenció un desplazamiento del electorado hacia opciones conservadoras, en un marco en el que tanto el PSOE como Compromís perdieron peso, debilitando la continuidad del proyecto progresista. Por otro lado, Ciudadanos, que había jugado un papel destacado en la política autonómica durante los ciclos anteriores, desapareció del hemiciclo al no alcanzar el umbral del 5 %, reflejando la volatilidad de un electorado que había abandonado a esta formación en favor de otras opciones.

La etapa actual, por tanto, se configura como un periodo de realineamiento político y reconfiguración de fuerzas, donde la consolidación de nuevos actores y la redefinición de las alianzas se han convertido en elementos estructurales del sistema político valenciano. Este proceso sigue evidenciando la influencia de dinámicas nacionales y regionales que interactúan para moldear las decisiones del electorado, generando un panorama en constante cambio y difícil de predecir.

2. *Comparativa con las elecciones generales y autonómicas en la Comunidad Valenciana*

Las elecciones generales tienden a captar un mayor interés entre los ciudadanos, lo que se traduce en tasas de participación más altas en comparación con las autonómicas y locales. Esto se explica, en parte, por la percepción generalizada de que el Gobierno central tiene un impacto más decisivo en la vida cotidiana, al ser responsable de políticas fundamentales como la economía, la seguridad social o las relaciones internacionales. Esta centralidad del poder estatal ha reforzado la idea de que las elecciones generales son el espacio principal para decidir el rumbo del país, una noción consolidada desde la transición democrática y reforzada mediáticamente, dada la cobertura más intensa que reciben estos comicios (Burguera, 2023).

En consecuencia, las elecciones autonómicas presentan niveles de participación más moderados, a pesar de que las competencias que gestionan los gobiernos autonómicos afectan a áreas clave como la sanidad, la educación y las políticas culturales. Esta aparente paradoja puede atribuirse a la menor visibilidad mediática de estas competencias, así como a la percepción de que las decisiones tomadas en el ámbito autonómico están condicionadas por el marco estatal. No obstante, la participación en los comicios autonómicos de la Comunidad Valenciana experimenta incrementos notables cuando coinciden temporalmente con las elecciones generales, lo que refleja un efecto de arrastre en la movilización del electorado (Pérez Castaños y García Rabadán, 2022).

Una particularidad del comportamiento electoral en la Comunidad Valenciana es el efecto del contexto político y social sobre los dos tipos de comicios. Por ejemplo, durante períodos de crisis económica o política, se ha observado un incremento en la abstención, particularmente en las elecciones autonómicas. En cambio, cuando los ciudadanos perciben que existe un cambio estructural significativo en juego, como ocurrió en las elecciones autonómicas de 2015 con el fin de una prolongada etapa de gobierno del Partido Popular, la participación aumenta considerablemente, igualando en algunos casos las cifras de las elecciones generales.

Otro factor clave en esta comparativa es la distinta composición del electorado movilizado en cada tipo de elección. Mientras que en las generales se movilizan amplios sectores del electorado, incluidos los jóvenes y los votantes menos habituales, en las autonómicas el perfil del votante suele ser más reducido y homogéneo, con una mayor representación de personas mayores y de clases sociales más consolidadas.

3. Factores que influyen en la participación electoral

El primer elemento a considerar es el contexto sociopolítico en el que se celebran las elecciones. Los periodos de mayor movilización suelen coincidir con momentos de tensión política o transformaciones significativas en el panorama institucional, lo que sugiere que la participación no es ajena al clima general de la sociedad. En la Comunidad Valenciana, los ciclos electorales han reflejado esta realidad de modo que la alternancia en el poder, los debates sobre el modelo territorial o los casos de corrupción que han sacudido la esfera pública han actuado como catalizadores del interés ciudadano en las urnas. Ello manifiesta que la percepción de que ciertos comicios pueden generar cambios concretos en las políticas públicas o en la gestión de las instituciones ha servido como un potente incentivo para que determinados sectores de la población ejerzan su derecho al voto.

Por otro lado, la identificación ideológica y la fidelidad partidista han desempeñado un papel central en la motivación electoral. Sin embargo, la aparición de nuevos partidos y movimientos ciudadanos ha transformado este paisaje, diluyendo los vínculos tradicionales y dando lugar a un electorado más volátil y heterogéneo. Este fenómeno se manifiesta con mayor intensidad entre los jóvenes, quienes, además, tienden a estar menos vinculados a la participación en procesos tradicionales, lo que introduce un desafío adicional en el análisis de la dinámica electoral.

Por su parte, el peso de los factores económicos no puede ser ignorado. Las crisis financieras, el desempleo y la precariedad laboral han influido en la percepción que los ciudadanos tienen de la utilidad de su voto, afectando tanto a la participación como a las preferencias electorales. En contextos de incertidumbre económica, la ciudadanía suele manifestar un mayor grado de desafección, reflejado en índices de abstención más elevados. En la Comunidad Valenciana, estas circunstancias se han entremezclado con debates sobre la gestión de los recursos públicos y las prioridades presupuestarias, cuestiones que han polarizado a la opinión pública en más de una ocasión[6].

[6] Un ejemplo reciente ilustra cómo las prioridades presupuestarias y la percepción de la acción gubernamental pueden exacerbar dichas divisiones. La propuesta de renaturalización del nuevo cauce del río Turia, impulsada por la Confederación Hidrográfica del Júcar, ha suscitado un amplio debate sobre la pertinencia de destinar recursos a iniciativas ambientales en un momento en que la seguridad ante fenómenos climáticos extremos continúa siendo motivo de preocupación. La insistencia del organismo en avanzar con un proyecto valorado en 287.463 euros, pese a la oposición del Ayuntamiento de Valencia, ha sido calificada por voces críticas como un gesto desconectado de las urgencias locales, y este desencuentro se amplifica al considerar los daños provocados por la reciente DANA y la percepción de que las medidas de respuesta han priorizado objetivos que no abordan de manera directa los riesgos de inundabilidad en zonas especialmente vulnerables.
Mientras que desde la Confederación Hidrográfica del Júcar se insiste en los beneficios ecológicos y la integración de ecosistemas fluviales mediante la conexión del cauce con el Parque Natural del Turia y el Mediterráneo, las autoridades municipales han cuestionado el enfoque al considerar que desatiende necesidades urgentes, como la reparación de infraestructuras críticas y la implementación de medidas para garantizar la seguridad de los barrios periféricos.
El trasfondo de esta discordia radica, además, en el simbolismo del río Turia como elemento identitario y en la memoria histórica de la catástrofe de 1957, cuya solución urbanística permitió evitar daños mayores durante las recientes inundaciones. La propuesta de renaturalización, planteada inicialmente como parte del Plan Hidrológico del Júcar 2023-2027, no solo ha reabierto heridas históricas, sino que también ha encendido el debate sobre la compatibilidad entre desarrollo sostenible y seguridad ciudadana. La defensa de un caudal ecológico mínimo y de la biodiversidad en el tramo final del río contrasta con la urgencia expresada por colectivos locales que exigen un enfoque integral que contemple grandes obras de mitigación, más allá de los estudios preliminares y las reparaciones de emergencia contempladas en el plan de actuación previsto para 2025.

Asimismo, la influencia de los medios de comunicación y las campañas electorales no puede ser subestimada. La narrativa mediática, con su capacidad para establecer las prioridades en la agenda pública, y las estrategias de los partidos, diseñadas para captar la atención de los votantes, son factores determinantes en el nivel de movilización. En este sentido, la creciente penetración de las redes sociales ha añadido una nueva dimensión al panorama electoral, permitiendo a los ciudadanos no solo informarse, sino también interactuar directamente con los candidatos y los mensajes políticos. Sin embargo, esta evolución también ha traído consigo el desafío de discernir entre información veraz y desinformación (Cotino, 2022), lo que puede afectar tanto al nivel de participación como a la calidad del voto.

Finalmente, el contexto cultural y las características demográficas también inciden en la propensión a participar en las elecciones. La Comunidad Valenciana, con su rica diversidad territorial y cultural, refleja comportamientos diferenciados según las particularidades de cada provincia y el grado de vinculación de los ciudadanos con los asuntos autonómicos. Factores como la edad, el nivel educativo y el entorno geográfico juegan un papel significativo, configurando patrones de comportamiento que, aunque influenciados por el entorno general, mantienen rasgos específicos de cada colectivo.

4. *Tendencias en la participación electoral valenciana*

La abstención electoral constituye un fenómeno que, en el caso valenciano, refleja las tensiones entre los ciudadanos y el sistema político, además de las circunstancias sociales, económicas y culturales que caracterizan a la región. En este contexto, la desafección política se erige como uno de los factores determinantes (Catalá, 2020). Los electores, desilusionados por lo que perciben como un alejamiento entre las instituciones y las necesidades reales de la ciudadanía, optan por no participar en los procesos electorales, y esta distancia es especialmente notoria en momentos de crisis económica o política, donde el descrédito de las élites y los escándalos de corrupción generan un sentimiento de impotencia y escepticismo hacia la eficacia de las elecciones como mecanismo de cambio (Castellanos, 2020).

A esta desafección se suma un factor estructural vinculado a la complejidad del entramado institucional autonómico. La percepción de que las decisiones más relevantes se toman en el ámbito estatal o incluso en el europeo, dejando a las autonomías un margen limitado para influir en cuestiones fundamentales, ha contribuido a una cierta apatía hacia los comicios valencianos. Este fenómeno se ve amplificado por la falta de un proyecto claramente diferenciador en algunos partidos que compiten en el escenario autonómico, lo que diluye el interés del electorado y reduce la movilización.

Entre los grupos demográficos, los jóvenes representan un segmento con tasas de participación particularmente bajas. Esta tendencia responde, en parte, a un proceso de socialización política incompleto, donde la educación cívica no logra inculcar un compromiso sólido con las instituciones democráticas (Vidal, 2023). Además, la percepción de que los partidos políticos no abordan de manera efectiva las preocupaciones específicas de los jóvenes —como el empleo precario o el acceso a la vivienda—, refuerza su distanciamiento del proceso electoral. También es destacable el peso de las nuevas formas de participación política no convencional, como las movilizaciones sociales o las campañas digitales, que son vistas por muchos jóvenes como herramientas más efectivas para canalizar sus demandas.

Por último, cabe mencionar a los sectores de población más envejecidos que, aunque tienden a mostrar niveles más altos de participación, en ciertos contextos también pueden experimentar tasas elevadas de abstención, particularmente en zonas rurales o en casos de deterioro de las infraestructuras de accesibilidad al voto. La desconexión entre las propuestas políticas y las preocupaciones de esta población, junto con el impacto de las dificultades físicas para acudir a las urnas, son factores que deben considerarse al analizar las dinámicas de abstención.

5. *Efectos de la digitalización en el comportamiento electoral*

La digitalización ha transformado profundamente la manera en que los ciudadanos se relacionan con la política, y su impacto en el comportamiento electoral en las elecciones autonómicas de la Comunidad Valenciana es evidente. De esta manera, las campañas digitales han emergido como una herramienta central en la estrategia de los partidos políticos, modificando tanto la forma de comunicar como la interacción entre candidatos y electorado. La realidad es que las redes sociales, las plataformas de mensajería instantánea y los anuncios segmentados permiten alcanzar audiencias amplias con un nivel de personalización que era inimaginable hace unas décadas (Gamir-Ríos,2021), por lo que este fenómeno ha intensificado la capacidad de los partidos para influir en votantes indecisos, movilizar a sus bases y establecer narrativas que condicionan el debate público.

En el ámbito autonómico valenciano, donde los partidos suelen tener que posicionarse en un panorama político fragmentado, las campañas digitales han cobrado especial relevancia. Mediante el uso de algoritmos y análisis de datos, los mensajes se adaptan a las preocupaciones locales de cada región, potenciando la sensación de cercanía con los problemas específicos del territorio (Castellanos,2019). Sin embargo, este tipo de estrategias también presenta problemas significativos, especialmente en lo relacionado con las noticias falsas y la desinformación (Insanguine y Castellanos, 2021), que se han convertido en una herramienta para desviar el debate y confundir al electorado, un problema que afecta tanto a la confianza en los procesos democráticos como al comportamiento electoral propiamente dicho, siendo este impacto particularmente notable en los segmentos más jóvenes de la población, que tienden a consumir información casi exclusivamente a través de medios digitales.

IV. CONCLUSIONES

La participación electoral en la Comunidad Valenciana se configura como un fenómeno complejo y dinámico, ya que la experiencia histórica de las elecciones autonómicas en la Comunidad Valenciana muestra una participación fluctuante, influida por factores como el contexto socioeconómico, la polarización política y el grado de identificación con las instituciones autonómicas. Las comparaciones con otros niveles de gobierno han puesto de manifiesto que las dinámicas autonómicas tienen características particulares, en las que inciden tanto la proximidad percibida por el electorado hacia los representantes como el impacto directo de las políticas adoptadas. En este sentido, se observa que el voto no solo es una expresión de preferencias políticas, sino también una herramienta que refleja la confianza depositada en las instituciones y su capacidad para responder a las demandas ciudadanas.

De cara al futuro, resulta imprescindible considerar las transformaciones que están reconfigurando los comportamientos políticos, entre las que destacan la digitalización y el cambio generacional. Las campañas electorales digitales, por ejemplo, ofrecen nuevos cauces para movilizar a sectores tradicionalmente menos participativos, pero también llevan aparejados problemas relacionados con la desinformación y la fragmentación del debate público.

En este marco, el papel de la ciudadanía adquiere una relevancia singular como pilar del sistema democrático ya que, más allá de los momentos electorales, es fundamental promover un modelo de democracia que incentive la implicación continua de los ciudadanos en los procesos de deliberación y toma de decisiones. Esto requiere no solo medidas institucionales que faciliten y amplíen los canales de participación, sino también un compromiso renovado con la educación cívica y la creación de espacios de diálogo que fortalezcan el vínculo entre gobernantes y gobernados.

V. REFERENCIAS BIBLIOGRÁFICAS

Burguera Ameave, L. (2023). "Debates electorales en España: de su previsión normativa a su efectiva celebración". *Más poder local,* (53), 107-124.

Calvet Crespo, J. (2010). "El sistema electoral de les Corts Valencianes: orígens i reforma". *Corts: Anuario de derecho parlamentario,* (23), 225-256.

Catalá Bas, A.H. (2020) "La conveniencia (o no) de introducir mecanismos de defensa de la democracia y de la Constitución ante los desafíos de la desafección democrática, del populismo y del secesionismo", en J. Martín Cubas (coord.), *Constitución, política y administración repensando la Constitución Cuatro Décadas Después.* Tirant lo Blanch.

Castellanos Claramunt, J. (2019). "La democracia algorítmica: inteligencia artificial, democracia y participación política". *Revista General de Derecho Administrativo,* (50), 1-32.

Castellanos Claramunt, J. (2020). *La participación ciudadana en el ámbito local: la integración democrática de lo local y de lo global en la era digital.* Corts Valencianes.

Castellanos Claramunt, J. (2020). *Participación ciudadana y buen gobierno democrático: posibilidades y límites en la era digital.* Marcial Pons.

Castellanos Claramunt, J. (2023). "Estudio de la afectación participativa del estatuto de autonomía de la comunitat valenciana en su cuadragésimo aniversario", en J. Castellanos Claramunt (dir.). *Balance y análisis tras 40 años del Estatuto de Autonomía de la Comunitat Valenciana.* Tirant lo Blanch.

Cotino Hueso, L. (2022). "Quién, cómo y qué regular (o no regular) frente a la desinformación". *Teoría y realidad constitucional,* (49), 199-238.

Gamir-Ríos, J. (2021). "El uso político de Facebook en la campaña de las Elecciones Locales de 2015 en la ciudad de València". *Dígitos: Revista de Comunicación Digital,* (7), 211-227. DOI: 10.7203/rd.v1i7.218

García Morán, D., y Del Orbe Ayala, K.R. (2021). "El mensaje político en las redes sociales: un enfoque práctico en campaña electoral", en G. Ostos Mota (coord.), *Oportunidades para la participación y la democratización de las organizaciones en el siglo XXI.* Dykinson

Garrido Mayol, V. (2012). "Estatuto de Autonomía de la Comunitat Valenciana y sus reformas". *Revista valenciana d'estudis autonòmics,* (57), 54-99.

Insanguine, F., y Castellanos Claramunt, J. (2021). "COVID-19, fake news y vacunación: la necesidad de inmunizar a la sociedad de la duda vacuna"- *Cuadernos de bioética,* (32), 63-73.

Lucas Iglesias, R. (2024). "El sistema electoral valenciano a examen. Reflexiones propositivas en torno al sistema electoral de la Comunidad Valenciana". *Corts. Anuari de Dret Parlamentari,* (38), 115-200.

Martín Cubas, J. (2007). "Espacios de competencia electoral en la Comunidad Valenciana (1995-2005)". *Cuadernos constitucionales de la Cátedra Fadrique Furió Ceriol*, (60-61), 137-182.

Martín Cubas, J. (2015). "La ruptura de un ciclo electoral en la Comunidad Valenciana: estudio comparado de los resultados de las elecciones locales y autonómicas de 2015 en la Comunidad Valenciana", en *Participació electoral i territori: anàlisis de les elecccions municipals i autonòmiques 2015*. Universitat i territori, 7, Universitat de Valencia.

Martín Cubas, J., Bodoque Arriba, A., Rochina Garzón, P., Clemente González, F. (2017). "El comportamiento electoral en las elecciones locales de 2015 en el área metropolitana de Valencia". *Terra: revista de desarrollo local*, (3), 101-129. DOI: 10.7203/terra.3.10448

Martínez Sospedra, M. (2020). "El Estatuto de Autonomía de la Comunitat Valenciana", en J. Martín Cubas, V. Garrido Mayol, y R. Roig (coords.), *Política y Gobierno en la Comunitat Valenciana*. Tirant lo Blanch,

Montiel Márquez, A., y Guillén Tarín, G. (2019). *Acord del Botànic: la vía valenciana para el cambio político*. Balandra

Oliver Araujo, J. (2017). *Las barreras electorales: gobernabilidad versus representatividad*. Tirant lo Blanch.

Ortega Villodres C., Orriols, L., Trujillo, J.M. (2024). "Comportamiento político y electoral", en J. Montabes Pereira, A. Garrido Rubia, y B. Aldeguer Cerdá (coords.), *La ciencia política en España: treinta años de la Asociación ESpañola de Ciencia Política y de la Administración (AECPA)*. Centro de Estudios Políticos y Constitucionales.

Pavía Miralles, J.M., y Aybar Arias, C. (2020). "Voting Transitions in the 2019 Valencian Autonomous Community's Elections". *Debats: Revista de cultura, poder i societat*, (5), 27-49. DOI: http://doi.org/10.28939/iam.debats-en.2020-2

Pérez Castaños, S. y García Rabadán, J. (2022). "La influencia de las otras arenas electorales en las elecciones autonómicas", en F.J. Llera Ramo, N. Lagares Díez, y J. Montabes Pereira (coords.), *Las elecciones autonómicas: (2017-2019)*. Centro de Investigaciones Sociológicas (CIS).

Roig Berenguer, R., y Castellanos Claramunt, J. (2023) "Los partidos políticos y el sistema de partidos en España", en J. Martín Cubas, C. García Rivero (coords.). *Sistema Político Español: Historia, instituciones, políticas públicas, actores y dinámicas políticas*. Tirant lo Blanch.

Sánchez Ferriz, R. (2023). "Cuarenta años del estatuto de autonomía de la Comunitat Valenciana: luces y sombras de su existencia", en J. Castellanos Claramunt (dir.). *Balance y análisis tras 40 años del Estatuto de Autonomía de la Comunitat Valenciana*. Tirant lo Blanch.

Vidal Prado, C. (2023). "La educación cívica y constitucional en España". *Revista de las Cortes Generales,* (116), 135-169.

La participación ciudadana en el Gobierno Local

JOAQUÍN MARTÍN CUBAS
Profesor Titular de Ciencia Política y de la Administración
Universitat de València

I. LA PARTICIPACIÓN CIUDADANA Y EL ÁMBITO LOCAL DE GOBIERNO

La participación ciudadana en el ámbito local de gobierno pretende la implicación de la ciudadanía en el proceso de adopción de decisiones del gobierno del municipio y, como consecuencia, de los otros entes locales en que este participa. En términos generales, se entiende por iniciativas de participación ciudadana aquellos mecanismos, procesos, metodologías y experiencias de participación que están orientadas a influir e intervenir en el proceso de elaboración de políticas públicas —en nuestro caso, de carácter local— de manera participada, extendiendo los espacios de decisión más allá del ámbito estrictamente técnico y político institucional. Estas iniciativas tratan de dar respuesta a la obligación establecida a los poderes públicos en el artículo 9.2 CE según la cual a ellos corresponde "promover las condiciones para que la libertad y la igualdad del individuo y de los grupos en que se integra sean reales y efectivos; remover los obstáculos que impidan o dificulten su plenitud, y facilitar la *participación de todos los ciudadanos* en la vida política, económica, cultural y social". La participación de la ciudadanía en el marco de una democracia representativa tiene un ámbito propicio en el ámbito de gobierno local merced a la proximidad en la relación entre gobernantes y gobernados. Y, como indica Castellanos Martínez (2020, p. 146), la participación ciudadana a nivel local "tiene su raíz, su núcleo de fundamentación, en el concepto de autonomía local, el cual se configura por la jurisprudencia constitucional como el derecho de las ciudadanas y ciudadanos de los municipios a participar mediante órganos propios en los asuntos de competencia de las localidades, en el respeto al principio de unidad estatal (SSTC 32/1981; 84/1982, 27/1987, 170/1989, 33/1993 y 385/1993)".

Para que un gobierno local esté en disposición de proporcionar los mejores servicios y oportunidades —no solo a las vecinas y a los vecinos de su municipio, sino a todas las personas que se relacionen con él y lo requieran en el marco de sus derechos y de las competencias municipales— debe contar con un gobierno abierto y receptivo, dispuesto a escuchar e incorporar de forma proactiva los diferentes puntos de vista sobre la forma de mejorar la política y la gestión de los asuntos públicos. Y es que la participación es sinónimo de implicación de los individuos, de los grupos y de la sociedad civil en el quehacer de las instituciones públicas; esto es, de diálogo, concertación, respeto, pluralidad, cohesión e inclusión social que solo puede articularse a través de mecanismos de gobierno abierto, gobierno multinivel y gobierno en red. De hecho, desde finales del siglo pasado existe un interés creciente en ampliar los cauces de participación ciudadana, especialmente en el ámbito local, a fin de alcanzar al tiempo diversos objetivos:

- disminuir la distancia entre gobernantes y gobernados;
- transmitir mejor las preferencias de los ciudadanos;
- suavizar los conflictos y favorecer los acuerdos;
- alcanzar una mayor eficacia, efectividad y eficiencia en la acción política local:
- incrementar el control de la ciudadanía sobre los responsables políticos;
- fomentar la ciudadanía cívica y la cooperación entre las personas;
- reforzar los vínculos y la cohesión social;
- empoderar a todas las personas, a los grupos en que se asocian y a los poderes locales;

- conseguir sociedades más inclusivas y respetuosas con el otro;
- regenerar la confianza en el sistema democrático; y, en definitiva,
- favorecer un desarrollo más sostenible de nuestros territorios.

En ese sentido diferentes instituciones internacionales —Consejo de Europa, OCDE, PNUD, entre otros— reclamaron abrir nuevas formas de implicación política para la ciudadanía. A efectos de alcanzar todos estos objetivos, resultaba y resulta imprescindible que se creen en todos los países las condiciones institucionales necesarias para que la ciudadanía pueda informarse, debatir y participar en los procesos de toma de decisiones (véase, OCDE, 2001). La historia de la apertura a la participación ciudadana en nuestro país no ha sido fácil ni sencilla. Tras la Segunda República, los cauces de participación se agostaron y controlaron profundamente desde el gobierno dictatorial del general Franco. Hay que esperar a la vuelta a la democracia para que institucionalmente se vuelva a recobrar la vida participativa (un resumen crítico de esos procesos se puede encontrar en Brugué, 2018). En la década de los 80 asistimos al surgimiento y formalización pública de grupos organizados; aparecen a nivel local las primeras reglamentaciones de la participación local, los consejos consultivos locales y, también, las primeras experiencias de plenos participativos. En la década de los 90 se produce un fuerte incremento de la participación a través de nuevas fórmulas: planes estratégicos, agendas 21, consejos ciudadanos, presupuestos participativos y, también, de mecanismos participativos de carácter individual, especialmente merced al desarrollo de las nuevas tecnologías de la información y la comunicación y la extensión del fenómeno *Internet*. Podemos afirmar que con la primera década del Milenio asistimos a la madurez de las políticas ciudadanas e institucionales de carácter participativo. Por un lado, se produce una proliferación de iniciativas de todo tipo, normalmente ligadas a un fenómeno de *radicalización ciudadana* y de *innovación social* en el marco del cual se pretende dar el salto de la *racionalidad tecnocrática* a la *ra-*

cionalidad deliberativa (Gutmann y Thompson, 2004; Martí, 2006; Brugué, 2018) y se experimenta con políticas de cocreación y cogestión gobierno-ciudadanía de las políticas; y, por otro lado, se extiende entre la ciudadanía una cultura política más participativa sin dejar de tomar conciencia de los límites de la participación y de la necesidad de normación o reglamentación, especialmente en los ámbitos locales de gobierno.

Precisamente, en ese marco y con el propósito de adaptarse a los nuevos desarrollos tecnológicos que había implosionado en las últimas décadas del siglo anterior, la reforma de la Ley reguladora de *las Bases de Régimen Local* en 2003 reconoce la aplicación necesaria de las nuevas tecnologías de la información y la comunicación de forma interactiva, para facilitar la participación y la comunicación con las vecinas y los vecinos, así como facilitar por estos medios la realización de trámites administrativos (especialmente, artículos 69 a 72). Y diez años después, la Ley 19/2013, de *transparencia, acceso a la información pública y buen gobierno* ha previsto específicamente en su artículo 6.2 que "las Administraciones Públicas publicarán los planes y programas anuales y plurianuales en los que se fijen objetivos concretos, así como las actividades, medios y tiempo previsto para su consecución" y que "su grado de cumplimiento y resultados deberán ser objeto de evaluación y publicación periódica junto con los indicadores de medida y valoración, en la forma en que se determine por cada Administración competente". Algo de suma importancia para la participación ciudadana, si a este ejercicio de *transparencia* le sumamos las obligaciones que a todas las administraciones públicas —incluidas, las locales— imponen los artículos 132 y 133 de la Ley 39/2015 de *Procedimiento Administrativo Común de las Administraciones Públicas*: todas las administraciones están obligadas —salvo los casos que se excepcionan en la norma— no sólo a hacer público un *Plan Normativo* con las iniciativas legislativas o reglamentarias que piensen impulsar —reglamentos y ordenanzas locales— y colgarlas en su *Portal de Transparencia*; sino que, además, deberán someterlas a consulta y audiencia a los ciudadanos y organizaciones representativas afectados. Estos artículos, aun de eficacia limitada, son en principio auténticamente revolucionarios desde el punto de vista de la gestión de las políticas públicas porque: primero, el *gobierno abierto* deja de ser una estilo de hacer política entre otros posibles para pasar a ser una obligación de gobernar y legislar de forma planificada y contando con los ciudadanos; y, segundo, el ciudadano que participe no se va a limitar a opinar sino que también pedirá datos que justifiquen la propuesta normativa; datos que habrá que tener; en su caso, conseguir; y, siempre, publicar por mor de la transparencia ahora exigible a toda administración pública.

II. LA PARTICIPACIÓN CIUDADANA Y SU RELACIÓN CON EL DESARROLLO SOSTENIBLE

Los cambios y transformaciones sociales, económicos, culturales y tecnológicos en el mundo durante las últimas décadas han conllevado cambios en la forma de concebir y de practicar la política. En la actualidad —primera mitad del siglo XXI— ya no sirven las soluciones del pasado o, al menos, no sirven sin las correspondientes adaptaciones a las exigencias del presente. Los modos de gestión tradicionales —el *burocrático* o el *gerencial*— han sido superados por nuevas fórmulas de gobierno y gestión —*gobernanza, gobierno abierto, gobierno en red, gobierno participado, gobierno multinivel, ...*—. Todas estas nuevas fórmulas exigen un nuevo tipo de relación entre los gobernantes y los gobernados: un tipo de relación en la que el gobierno es cosa de todos y no solo de los gobiernos, ni siquiera de los otrora poderosos Estados. Es obvio que este nuevo tipo de relación entre gobernantes y gobernados tiene sus propias exigencias y se relaciona con nuevos valores y requerimientos individuales y colectivos. Es en ese marco histórico donde cobran sentido los *Objetivos de Desarrollo Sostenible* que —entendidos como brújulas para una buena *gobernanza*— han de permitir trazar el rumbo en busca de unos escenarios de futuro deseables —cuando no, necesarios— para el conjunto de la Humanidad. Esa, al menos, es la intención de la resolución de la *Agenda 2030* aprobada por los 193 estados miembros de la Asamblea General de la ONU el 15 de septiembre de 2015. Y nada de eso, es ajeno a la participación ciudadana en la construcción de la vida y de las políticas locales.

En el nuevo de contexto de una sociedad que se ha calificado como *sociedad del riesgo, sociedad líquida,* cuando no, *fluida* o *flexible* (Bauman, 2000 o Beck, 2002) se ha impuesto una nueva noción del *desarrollo* de carácter mucho más amplio y omnicomprensivo que la que imperaba a mediados del siglo XX. Un *desarrollo* que no sólo tiene en cuenta la dimensión económica de la vida de las personas, sino también —como defiende Amartya Sen (Sen, 2000)— otras dimensiones igualmente imprescindibles para una vida digna y en libertad: la salud, la educación, el medio ambiente, la cultura, la cohesión social, ... Todo lo que contribuya cuantitativa y cualitativamente a una mejora en nuestros niveles de vida. El objetivo que perseguimos, en este nuevo marco de la globalización, ya no es meramente el *crecimiento económico,* sino que es el *desarrollo sostenible*; un desarrollo, en palabras de la *Comisión Brundtland,* que "satisfaga las necesidades del presente sin comprometer la capacidad de las futuras generaciones para satisfacer sus propias necesidades" (Comisión Brundtland, 1987). Tal concepción del desarrollo nos obliga a explorar en sus múltiples dimensiones todas las consecuencias previsibles de cualquier línea de desarrollo que planteemos hacia el futuro.

Parece evidente que, en la nueva *sociedad del riesgo y la incertidumbre* y sea cual sea el territorio de referencia en el que nos situemos, no podemos garantizar unos mínimos de bienestar si no somos competitivos, si no fortalecemos nuestras fuentes de riqueza, si no ubicamos nuestros productos y habilidades en este nuevo mercado global y si —al mismo tiempo— no articulamos unas redes sólidas y fuertes para estar siempre y ante cualquier *situación de riesgo* asistidos. Ese es el reto; bien es verdad que, para afrontarlo, no existe una única estrategia universal, sino que hay que hacerlo desde cada territorio particular. De ahí, la multiplicación de políticas innovadoras *bottom up o de abajo arriba,* políticas que emanan y están dirigidas localmente; que implican la movilización de los recursos locales y de sus ventajas competitivas; y que requieren participación y diálogo social (Pike, A., Rodríguez-

Pose, A. y Tomaney, J., 2011: 41). En la nueva coyuntura, cada territorio debe buscar su propio camino, conocer sus recursos, valorar sus potencialidades, consensuar su propio proyecto y, a partir de planteamientos estratégicos holísticos, armarse de la voluntad necesaria para emprender el reto del desarrollo. En términos políticos, se necesita *gobernanza democrática.*

Las definiciones sobre la gobernanza son múltiples en la literatura científica sobre la materia y todas ellas hacen referencia a las técnicas e instrumentos para conseguir una gestión política estratégica que combine las iniciativas e intereses de la sociedad, el Estado y el mercado. Pascual Esteve ha definido la gobernanza como "un modo de gobernar en que lo prioritario es *gestionar las relaciones* entre los principales sectores implicados para construir colectivamente y de manera compartida la ciudad [o el territorio de referencia]" (Pascual Esteve, J.M., 2011: 89). A juicio de este autor, el objetivo general de la gobernanza democrática se centra en el desarrollo humano del grupo —ya sea local, regional, estatal o supraestatal— para lo cual sólo existe un camino que es la mejora de la capacidad de acción en términos organizativos y eso pasa por la *contribución de todas y todos,* esto es, por un *trabajo en red* que debe articularse por los gobiernos democráticos representativos en cada nivel o escala territorial de referencia.

Eso pretenden precisamente los *Objetivos de Desarrollo Sostenible*: dotarnos de una gobernanza a nivel mundial —"un plan para lograr un futuro mejor y más sostenible para todos", dice la propia resolución de Asamblea General de la ONU— en torno a unos objetivos mínimos, compartidos y consensuados, que funcionen como una especie de hoja de ruta a aplicar por parte de todos los gobiernos, sean del nivel que sean, en sus respectivos territorios y, también, por la sociedad civil y por la ciudadanía en sus vidas individuales. En ese sentido, es importante recordar que los contenidos de esos objetivos son fruto de un largo camino basado en la participación en el que intervinieron no solo representantes de los Estados del mundo, sino también de gobiernos locales y regionales, organizaciones internacionales e *infra* estatales, el mundo de las empresas, de la academia e, incluso, directamente a través de encuesta, la ciudadanía. Cierto que el resultado puede parecer insuficiente, pero tiene la fortaleza del consenso y de la legitimidad alcanzados.

Precisamente, el papel de la política se constituye en elemento *sine qua non* del éxito de la *Agenda 2030*. Los *Objetivos de Desarrollo Sostenible* no se pueden perseguir, ni mucho menos alcanzar, sin *gobernanza* —y añadiríamos, más allá del propio documento consensuado, sin *gobernanza democrática*—. Es una dimensión transversal que no ha sido considerada expresamente como tal, pero que no se puede soslayar y que está expresada con claridad en algunos de los objetivos definidos. El ODS 16 se refiere a la tarea de "promover sociedades justas, pacíficas e inclusivas" para lo cual se requieren "instituciones eficaces y transparencia". El ODS 17 se refiere a las necesarias alianzas para lograr los objetivos que le preceden: "alianzas entre gobiernos, la sociedad civil y el sector privado", además de "compartir recursos para ayudar a los países en desarrollo". La *gobernanza*, así pues, tiene una doble naturaleza en los contenidos de la resolución de la ONU, procedimental y sustancial. Y a nadie se le escapa, el interés que los ODS y sus diferentes expresiones suscitan para el desarrollo de nuestros territorios.

En definitiva, necesitamos, desde la perspectiva local de gobierno, adaptar nuestra forma de elaborar e implementar las políticas públicas. La gestión pública en este sentido debe cambiar radicalmente, implica cambios desde el proceso de toma de decisiones hasta la evaluación de los resultados, pasando por los mecanismos de entrada en la agenda política o los estilos de hacer política. A la postre, necesitamos un cambio de cultura que impulse una auténtica *gobernanza democrática* y sepa poner en valor de forma eficiente y racional nuestros recursos con el fin de alcanzar mayores cotas de libertad y bienestar. Esto es, se trata de difundir nuevas herramientas —planes estratégicos participados, laboratorios de gobierno abierto a la ciudadanía, políticas innovadoras de recursos humanos, la digitalización de los procesos, marcos de integridad institucional, planes estratégicos de comunicación,...— pero también nuevas actitudes —mentalidad abierta, voluntad de aprendizaje, apertura al diálogo y la colaboración, al intercambio de conocimientos y la ecología de saberes,...— para poner en valor, precisamente, los recursos humanos relacionados directa o indirectamente con cada uno de los municipios e incrementar exponencialmente sus capacidades y habilidades. Se trata, en definitiva, de hacer de estos municipios abanderados de una *gobernanza pública inteligente.*

III. LOS DERECHOS DE PARTICIPACIÓN DE LAS VECINAS Y DE LOS VECINOS DE UN MUNICIPIO

Conviene aproximarnos a la participación ciudadana no solo desde la perspectiva conceptual y teórica señalada, sino también desde la perspectiva normativo-jurídica en nuestro país, dado que la Constitución y, especialmente, la *Ley Básica de Régimen Local* acotan en buena parte las posibilidades y los límites de esta participación. Más allá de la obligación impuesta a todas las administraciones por los artículos 132 y 133, ya señaladas en el epígrafe anterior, los derechos y deberes de las vecinas y los vecinos en lo que se refiere a sus relaciones con los gobiernos o administraciones locales, según el artículo 18 de la Ley reguladora de Bases de Régimen Local (LRBRL), son:

1. Derecho y deber de ser elector y elegible, siempre de acuerdo con lo dispuesto en la legislación electoral.
2. Derecho a participar en la gestión municipal de acuerdo con lo dispuesto en las leyes y, en su caso, cuando la colaboración con carácter voluntario de los vecinos sea interesada por los órganos de gobierno y administración municipal. El artículo 69.2 LRBRL, no obstante, impide que las formas, medios y procedimientos de participación que a este fin establezcan las Corporaciones puedan menoscabar con ello las facultades de decisión de los órganos representativos de los entes locales.
3. Derecho a utilizar, de acuerdo con su naturaleza, los servicios públicos municipales y acceder a los aprovechamientos

comunales conforme a las normas aplicables. Es más, las vecinas y los vecinos tienen el derecho a exigir la prestación y, en su caso, el establecimiento del correspondiente servicio público, en el supuesto de constituir una competencia municipal propia de carácter obligatorio (art. 25 LRBRL).

4. Deber de contribuir económicamente a través de impuestos a los servicios que el ayuntamiento presta e, igualmente, deber de contribuir con las prestaciones personales legalmente previstas.

5. Derecho a ser informado previa petición razonada, y dirigir solicitudes a la Administración municipal con relación a todos los expedientes y documentación municipal, de acuerdo con lo previsto en el artículo 105 de la Constitución.

6. Derecho a pedir consultas populares en los términos previstos en la Ley, materia que, en la actualidad, está regulada en el Título III de Ley 4/2010, de 17 de marzo, de *consultas populares por vía de referéndum* y cuyo contenido desarrollaremos más adelante.

7. Derecho a ejercer la iniciativa normativa popular en los términos previstos en el artículo 70 bis LRBRL que así lo posibilita con determinados condicionantes, para la efectiva participación de los vecinos en los asuntos de la vida pública local.

8. Aquellos otros derechos y deberes en las leyes, abriendo otras posibilidades a la normación legislativa, especialmente cuando se trata de leyes sectoriales.

Junto con estos derechos de las vecinas y los vecinos, el artículo 72 de la LOREG también ha previsto que las Corporaciones locales favorezcan el desarrollo de las asociaciones para la defensa de los intereses generales o sectoriales de los vecinos, siempre en los términos previstos en el artículo 69.2, esto es, sin menoscabar las facultades de decisión que corresponden a los órganos representativos regulados por la Ley. A tales efectos y con esa limitación, las asociaciones pueden llegar a ser declaradas de utilidad pública.

Además, y según lo dispuesto en el artículo 13 de la Ley 39/2015, de 1 de octubre, del Procedimiento Administrativo Común de las Administraciones Públicas, los ciudadanos —en concreto, "quienes de conformidad con el artículo 3 [de esta misma ley], tienen capacidad de obrar ante las Administraciones Públicas"—, en sus relaciones con las Administraciones Públicas, son titulares de los siguientes derechos: a) a comunicarse con las Administraciones Públicas a través de un Punto de Acceso General electrónico de la Administración; b) a ser asistidos en el uso de medios electrónicos en sus relaciones con las Administraciones Públicas; c) a utilizar las lenguas oficiales en el territorio de su Comunidad Autónoma, de acuerdo con lo previsto en esta Ley y en el resto del ordenamiento jurídico; d) al acceso a la información pública, archivos y registros, de acuerdo con lo previsto en la Ley 19/2013, de 9 de diciembre, de transparencia, acceso a la información pública y buen gobierno y el resto del Ordenamiento Jurídico; e) a ser tratados con respeto y deferencia por las autoridades y empleados públicos, que habrán de facilitarles el ejercicio de sus derechos y el cumplimiento de sus obligaciones; f) a exigir las responsabilidades de las Administraciones Públicas y autoridades, cuando así corresponda legalmente; g) a la obtención y utilización de los medios de identificación y firma electrónica contemplados en esta Ley; h) a la protección de datos de carácter personal, y en particular a la seguridad y confidencialidad de los datos que figuren en los ficheros, sistemas y aplicaciones de las Administraciones Públicas; i) y cualesquiera otros que les reconozcan la Constitución y las leyes. Estos derechos se entienden sin perjuicio de los reconocidos en el artículo 53 de la misma ley referidos a los interesados en el procedimiento administrativo.

IV. LAS DIFERENTES VÍAS DE PARTICIPACIÓN CIUDADANA EN EL ÁMBITO LOCAL

Además de los cauces previstos en las leyes —como, por ejemplo, el derecho de sufragio activo en las elecciones correspondientes, ya sean europeas, estatales, autonómicas o locales; o el caso especial de la institución del *concejo abierto* para algunos de los municipios más pequeños de nuestro país— las entidades locales, a través del ejercicio de la potestad autoorganizativa, pueden desarrollar normativamente las formas, medios y procedimientos de participación en el ámbito local. Para ello se requiere la pertinente aprobación de *reglamentos de participación ciudadana* o *reglamentos orgánicos*, aunque en ocasiones también se han utilizado *ordenanzas* o *decretos de alcaldía* para normar estos cauces participativos. Así lo indican los artículos 70 bis LRBRL, ya mencionado —"los ayuntamientos deberán establecer y regular en normas de carácter orgánico procedimientos y órganos adecuados para la efectiva participación de los vecinos en los asuntos de la vida pública local, tanto en el ámbito del municipio en su conjunto como en el de los distritos, en el supuesto de que existan en el municipio dichas divisiones territoriales"—. Como afirma Castellanos Martínez, "el objetivo de tales reglamentos no debe ser otro que el de favorecer la participación ciudadana municipal y ser un elemento dinamizador; y no burocratizar o politizar la participación, pues estarían impidiendo en realidad que el ámbito municipal fuera un escenario privilegiado para la democracia local" (2020, p. 147).

A través de estos instrumentos de participación se quieren superar los límites de los mecanismos tradicionales en la relación del administrado con la Administración, fundamentalmente informativos y consultivos, hacia un nuevo escenario más implicativo y democrático. De este modo, sin perjuicio de las formas de participación previstas en el marco del procedimiento administrativo común, la LRBRL (arts. 70 y ss.) y las leyes autonómicas correspondientes —sirva de ejemplo los artículos 139-143 de la LRLCV— regulan distintas formas de participación. Podemos aproximarnos a su rica variedad de formas mediante una descripción genérica sobre su tipología y el detalle de sus mecanismos atendiendo a su grado de complejidad.

En cuanto a los tipos de participación que suelen apuntarse en la doctrina, cabe decir que esta participación puede ser:

- Individual, colectiva o mixta.
- Sectorial, territorial o global.

- Atendiendo a los niveles de participación: acceso a la información, aportación de información, deliberación, decisión y cogestión.
- Atendiendo a la estructura organizativa: se pueden distinguir fórmulas que van desde la mayor simplicidad hasta una gran complejidad.
- Atendiendo al uso de las nuevas tecnologías de la información y la comunicación, los cauces de participación también pueden ser de variado tipo pues la utilización de las nuevas tecnologías puede abarcar todo el mecanismo o proceso participativo o sólo una parte, fase o dimensión de este.

Por lo que se refiere al uso de las todavía llamadas *nuevas tecnologías*, el artículo 70.bis.3 LRBRL establece taxativamente que "las Entidades Locales y, especialmente, los municipios, deberán impulsar la utilización interactiva de las tecnologías de la información y la comunicación para facilitar la participación y la comunicación con los vecinos, para la presentación de documentos y para la realización de trámites administrativos, de encuestas y, en su caso, de consultas ciudadanas". Ante la carencia de medios para hacer efectivo este deber, el propio artículo 70.3 LRBRL requiere a las Diputaciones provinciales, cabildos y consejos insulares, la colaboración con los municipios que, por su insuficiente capacidad económica y de gestión, no puedan desarrollar en grado suficiente este deber (en este mismo sentido, art. 70.bis.4 LRBRL).

Conviene poner de manifiesto que la participación no puede deslindarse de la transparencia informativa de las entidades locales sujetas como cualquier otra administración a lo dispuesto en la Ley 19/2013, de 9 de diciembre, *de transparencia, acceso a la información pública y buen gobierno.* Objeto de otros capítulos de esta obra, nos limitamos a señalar aquí los posibles cauces que desde la administración se pueden o deben utilizar para facilitar a la ciudadanía toda la información pública que permita un ejercicio efectivo de sus derechos de participación (art. 69.1 LRBRL): tablones de Anuncios, Boletines oficiales, Boletines de Información Municipal o similares; medios de comunicación social; Oficinas de Información al Ciudadano o Servicios de Atención Ciudadana; Cartas de Servicios; encuestas de satisfacción de los Servicios; información a través de medios digitales como la web y el portal institucional municipal; exposiciones públicas de actuaciones y proyectos de interés y repercusión social de obligado cumplimiento; información pública en diversos procedimientos de carácter sectorial también así previstos; o, incluso, información pública individualizada que no tiene carácter de notificación, pero invita a participar en proyectos sobre determinadas actividades urbanísticas (por ejemplo, art. 39.2 de la *Carta Municipal de Barcelona*).

V. REFERENCIA ESPECIAL A ALGUNAS FORMAS DE PARTICIPACIÓN

Sin ánimo exhaustivo podemos señalar distintas fórmulas de participación en el ámbito local que, atendiendo al grado de complejidad organizativa, van desde mecanismos reglados de participación relativamente simples a otros mucho más complejos: ejercicio del derecho de petición a través de distintos cauces, la iniciativa normativa popular, la intervención en los plenos de las corporaciones locales u otros organismos municipales como los Consejos sectoriales o territoriales, la consulta popular, paneles ciudadanos, audiencias públicas u otras experiencias similares de participación, a través de asociaciones o de redes sociales, instrumentos como la Agenda 21, el voluntariado, los presupuestos participativos u otros de cariz similar, procesos no reglados de autoorganización social u otros de radicalización democrática.

Un primer instrumento de participación ciudadana —quizá el más simple— es la *solicitud* o, en otros términos, el ejercicio individual o colectivo del *derecho de petición*, tal y como quedó refrendado por la STC 242/1993 al considerar que "la petición en que consiste el derecho en cuestión tiene un mucho de instrumento para la participación ciudadana, aun cuando lo sea por vía de sugerencia ... sirviendo a veces para poner en marcha ciertas actuaciones institucionales, ..., sin cauce propio jurisdiccional o administrativo, por no incorporar una exigencia vinculante para el destinatario". La canalización de las peticiones y sugerencias provenientes de las ciudadanas y los ciudadanos puede hacerse a través de distintos cauces, desde el simple Buzón de quejas y sugerencias hasta la creación de órganos como la *Comisión especial de sugerencias y reclamaciones* o el *Defensor de los Vecinos.* Según el artículo 132 LRBRL, para la defensa de los derechos de los vecinos ante la Administración municipal, el Pleno creará una *Comisión especial de Sugerencias y Reclamaciones*, cuyo funcionamiento se regulará en normas de carácter orgánico y que estará formada por representantes de todos los grupos que integren el Pleno, de forma proporcional al número de miembros que tengan en el mismo.

En ese marco genérico otro cauce de participación de singular relevancia que va más allá del ejercicio del simple derecho de petición sobre un objeto de carácter graciable por parte de la Administración es el ejercicio de la *Iniciativa Normativa Popular* por sus efectos procedimentales de carácter normativo en materia de competencia municipal en los términos del artículo 70.bis.2 LRBRL, según el cual "los vecinos que gocen del derecho de sufragio activo en las elecciones municipales podrán ejercer la iniciativa popular, presentando propuestas de acuerdos o actuaciones o proyectos de reglamentos en materias de la competencia municipal". Tales iniciativas deberán ser sometidas a debate y votación en el Pleno, sin perjuicio de que sean resueltas por el órgano competente por razón de la materia. Tales iniciativas pueden llevar incorporada una propuesta de *consulta popular local*, que será tramitada en tal caso por el procedimiento y con los requisitos previstos en el artículo 71.

Otro cauce de singular relieve para la participación es la *intervención* de la ciudadanía en el Pleno de la Corporación municipal o en otros órganos municipales en los que así se ha previsto por nuestra normativa local. Respecto a la intervención de forma oral en las sesiones públicas del *pleno* hay que tener en cuenta que las sesiones de los plenos son sesiones públicas, salvo aquellos asuntos que puedan afectar al derecho fundamental de los ciudadanos previsto en el artículo 18 CE cuando así se acuerde por mayoría absoluta (art. 70 LRBRL). La intervención de los ciudadanos, en su caso, se realizará atendiendo a las previsiones del *Reglamento de Organización y Funcionamiento* de las Entidades Locales (RD 2568/1986):

- El artículo 228.1 regula la intervención en pleno de un representante de una asociación de vecinos en relación con algún punto del orden del día en cuya tramitación hubiese intervenido, previa solicitud del alcalde. Con la autorización del alcalde, el representante de la asociación podrá exponer su parecer durante el tiempo señalado por el alcalde, con anterioridad a la lectura, debate y votación de la propuesta incluida en el orden del día.
- El artículo 228.2 posibilita la intervención del público tras la finalización del pleno en un turno de ruegos y preguntas.
- El artículo 231 establece que en caso de solicitud de un ciudadano en la cual formule una propuesta de actuación municipal, el presidente del órgano colegiado puede requerirle para que la defienda y la explique en dicho órgano.

Por lo demás, el artículo 88.3 del ROF establece la prohibición de todo tipo de intervención y manifestación del público, salvo en los casos anteriores, pudiendo llegar en caso de producirse incluso a la expulsión a salvo de la intervención de expertos por voluntad del propio órgano decisorio.

En cuanto a las intervenciones en otros órganos municipales estos pueden ser varios: las *comisiones informativas* en el marco de lo dispuesto en la normativa vigente; órganos territoriales de gestión desconcentrada y a través de *órganos complementarios* y de carácter consultivo: *Juntas Municipales de Distrito, Consejos Sectoriales, Defensor de los Vecinos, Comisión Especial de Sugerencias y Reclamaciones* y otros como el *Consejo Territorial de Participación.* Especial importancia para la vida municipal tiene el *Consejo Social de la Ciudad* que, en virtud de lo dispuesto en el artículo 131 de la LRBRL, ha de constituirse en los municipios de gran población —más de 250.000 habitantes; capitales de provincia con más de 175.000 habitantes o que sean capitales autonómicas o sedes de las instituciones autonómicas; y los municipios cuya población supere los 75.000 habitantes, que presenten circunstancias económicas, sociales, históricas o culturales especiales—, integrado por representantes de las organizaciones económicas, sociales, profesionales y de vecinos más representativas. Corresponderá a este Consejo, además de las funciones que determine el Pleno mediante normas orgánicas, la emisión de informes, estudios y propuestas en materia de desarrollo económico local, planificación estratégica de la ciudad y grandes proyectos urbanos. Algunas legislaciones autonómicas lo han previsto con carácter *potestativo* para municipios de otros tamaños poblacionales.

La participación ciudadana a nivel local también puede articularse a través del ejercicio de derechos fundamentales como el de manifestación o el de expresión, en este caso, a través de medios de comunicación generalistas —con incidencia por su contenido y proyección en la vida territorial local— o, directamente, de medios de comunicación local en el caso de existir. Sea como sea, desde la revolución digital se ha extendido la utilización de las *Redes Sociales* como cauce de expresión de las ideas y opiniones de la ciudadanía. En ese sentido, los procesos de deliberación que se desarrollan en las redes sociales, de igual a igual, pueden llegar a ser muy importantes —aun a pesar y contando con sus riesgos— para crear una cultura política participativa, así como también una capacitación en cuestiones políticas y organizativas. En estos casos, las posibilidades de configuración de estas redes se multiplican y pueden ser impulsadas tanto desde el ámbito público —los gobiernos municipales u otras entidades locales— como desde el ámbito privado —ya sea desde la propia ciudadanía o por asociaciones, grupos o entidades en las que esta se integra—.

La intervención de las ciudadanas y ciudadanos también puede producirse a través de distintas iniciativas de carácter participativo, muchas de las cuales han venido encuadrándose como *experiencias de carácter innovador* impulsadas bien por los gobiernos locales bien por la propia ciudadanía: *Plenos participativos* (ya sea para la estrategia previa comunicativa o para la participación en tiempo real vía telemática, por ejemplo); *Consejos de Participación*

Ciudadana; *Asambleas de barrio*; *Audiencias públicas* (para que todos aquellos que puedan verse afectados o tengan un interés particular en la cuestión expresen su opinión sobre ella; por ejemplo, las previstas en la *Carta Municipal de Barcelona* y otras normas locales); *Paneles ciudadanos* (instrumento de control de los estados de opinión sobre las más variadas temáticas de competencia municipal); *Jurados ciudadanos* (instancia de varios días de duración, abierta al público, durante la cual un *panel de expertos* es sometido a las preguntas de un grupo representativo de la ciudadanía con el fin de llegar a recomendaciones consensuadas para las políticas analizadas) y otros procedimientos similares. En general, cualquier otro tipo de iniciativas que quedan englobadas normativamente en conceptos más generales de "foros específicos de carácter no permanente" o "espacios deliberativos con la participación de personas expertas en la materia, la sociedad civil organizada o no organizada, grupos de interés e instituciones que se puedan ver afectados por la asunción de una actuación de la administración" (art. 28 de la *Ley de Participación Ciudadana y Fomento del Asociacionismo* de la Comunitat Valenciana).

Especial relieve por sus efectos tiene la *Consulta popular* como cauce de participación ciudadana. Se trata de un instrumento de participación ciudadana directo. Según la STC 103/2008, la *consulta popular* es aquella consulta cuyo objeto se refiere estrictamente al parecer del cuerpo electoral conformado y exteriorizado a través de un procedimiento electoral conformado y exteriorizado a través de un procedimiento electoral, esto es, basado en el censo, gestionado por la administración electoral y asegurado con garantías jurisdiccionales específicas. En el ámbito estatal y con carácter básico el artículo 71 LRBRL, regula la consulta popular en los siguientes términos: "de conformidad con la legislación del Estado y de la Comunidad Autónoma, cuando ésta tenga competencia estatutariamente atribuida para ello, los alcaldes, previo acuerdo por mayoría absoluta del pleno y autorización del gobierno de la nación, podrán someter a consulta popular aquellos asuntos de la competencia propia municipal y de carácter local que sean de especial relevancia para los intereses de los vecinos, con excepción de los relativos a la Hacienda local. Existe una regulación legal pormenorizada en la Ley 4/2010, de 17 de marzo, de *consultas populares por vía de referéndum.* Según datos proporcionado por EFE al Ministerio de Política Territorial a fecha de 11 de mayo de 2023 solo se han producido 77 consultas populares de las 200 solicitadas al gobierno de la nación. No obstante, sí que se han producido otras muchas consultas que no abarcan a la totalidad de la población municipal —por ejemplo, consultas por distritos o áreas afectadas por alguna iniciativa, que no necesitan la autorización gubernamental— o a través de otras fórmulas como son los presupuestos participativos u otras formas de participación. Y es que debemos distinguir las consultas de carácter referendario y las meras consultas no referendarias (a los efectos, véase STC 31/2010, de 28 de junio sobre el Estatuto de Autonomía de Cataluña).

Por otro lado —y con un objetivo meramente informativo—, pero en última instancia de gran alcance para la vida local y la adecuada orientación de las políticas públicas, como ya mencionamos en su momento, los ayuntamientos pueden realizar *encuestas* a sus ciudadanas y ciudadanas dentro del marco normativo que regula este instrumento demoscópico y las competencias de los municipios. Algunas normas locales han previsto incluso la solicitud de realización de encuesta a las vecinas y vecinos como el Ayuntamiento de Zaragoza. Las leyes de transparencia y buen gobierno estatal y autonómicas obligan a publicar la información sobre encuestas y estudios de opinión, los modelos utilizados, las fichas metodológicas, los resultados y los microdatos, la empresa adjudicataria y el coste; y que, además, se fomente la publicación de los resultados en formato electrónico reutilizable.

Entre los procesos de participación de carácter reglado y más complejos, podemos situar el *ejercicio del Derecho de Asociación*: Las asociaciones de ciudadanas y ciudadanos para la participación en la vida política y social, con carácter general, están reguladas por la Ley orgánica, 1/2002, de 22 de marco. El artículo 4 de esta ley ha previsto que los poderes públicos, en el ámbito de sus respectivas competencias, fomentarán la constitución y el desarrollo de las asociaciones que realicen actividades de interés general. Y, según el artículo 10 de la misma, las asociaciones deberán inscribirse en el correspondiente Registro, a los solos efectos de publicidad, estando previstos un *Registro Nacional de Asociaciones* y, en cada Comunidad Autónoma, un *Registro Autonómico de Asociaciones.* A nivel local, las asociaciones constituidas para la defensa de los intereses generales o sectoriales *de los vecinos* tendrán la consideración de entidades de participación ciudadana, siempre que estén inscritas en el *Registro Municipal de Asociaciones Municipales.* Los municipios, de acuerdo con sus posibilidades presupuestarias, podrán conceder ayudas económicas a las asociaciones. Por último, cabe decir que, a fin de asegurar la colaboración entre las Administraciones públicas y las asociaciones, como cauce de participación ciudadana en asuntos públicos se podrán constituir *Consejos Sectoriales de Asociaciones,* como órganos de consulta, información y asesoramiento en ámbitos concretos de actuación (art. 42).

No hay que dejar de señalar que la participación de los ciudadanos también se puede encauzar a través de otras fórmulas jurídicas de asociacionismo como las que se corresponden con el llamado *Tercer Sector,* en esencia, las *Fundaciones* y las *entidades no lucrativas* que no están enfocadas al negocio privado sino al servicio público. Precisamente, como ha sido señalado por Pascual Esteve (2011, pp. 230 y ss.) la dimensión social de la ciudadanía se expresa a través del *Tercer Sector* de manera cada vez más intensa, constituye la fórmula organizativa por la que se expresa el compromiso cívico de los grupos sociales y se organiza la ayuda mutua y en red entre la misma ciudadanía. Como destaca este autor, es el sector que mejor responde a la complejidad de los nuevos desafíos sociales, un multiplicador de la inversión pública que, al tiempo, produce sinergias en lo social.

Entre los instrumentos de participación ciudadana que más impacto social y mediático han tenido en las últimas décadas se cuenta la experiencia de los *Presupuestos participativos.* Son una herramienta de participación y gestión normalmente asociada al ámbito local de gobierno caracterizada por la posibilidad que tienen las vecinas y los vecinos de una localidad de proponer y decidir sobre el destino de parte de los recursos municipales, priorizando los más importantes y realizando un seguimiento sobre los acuerdos alcanzados. Se trata de un proceso implementado por los gobiernos municipales, en principio abierto a distintas fórmulas de regulación y, especialmente, de autorregulación por los propios participantes que pueden llegar a determinar, en todo o en parte, las «reglas del juego» que deben regir el proceso. Esta herramienta trata de combinar acciones de intervención, deliberación, decisión y cogestión. Desde que, en 1989 se pusieran en marcha las primeras iniciativas en la ciudad brasileña de Porto Alegre, la figura de los *Presupuestos Participativos* se ha extendido por diferentes partes del mundo. En nuestro país, no solo ha sido impulsada en municipios de diversa entidad, sino que también ha dado el salto a otros niveles de gobierno como es el caso de los autonómicos.

Otras opciones de participación inspirados en una mayor implicación de la ciudadanía y del entramado asociativo de las entidades locales son los *Acuerdos Ciudadanos* como la experiencia del *Acuerdo Ciudadano para una Barcelona Inclusiva*, cuyo foco de interés se centra en avanzar en la construcción plural y democrática de la inclusión social en esta ciudad; o *Planes especiales o participados de inversión por distritos* como el del Ayuntamiento de Madrid que, en este caso, focalizan su interés en el desarrollo de infraestructuras para los servicios públicos —centro de mayores, bibliotecas, escuelas, etc.— y en cuyo proceso de decisión intervienen asociaciones de estos distritos. Existe también la posibilidad de desarrollar procesos no reglados de participación que más allá de la presión buscan formar parte del diseño y gestión de los servicios que se ponen en marcha. Así, por ejemplo, se han impulsado determinadas acciones desde la sociedad civil a través de procesos de autoorganización social como, por ejemplo, el *Plan Comunitario del Casco Viejo* de Pamplona o reutilización de la fábrica de armas *Astra* en Guernica que ha experimentado con mecanismos de cogestión.

No podemos dejar de mencionar en este punto que *la participación de carácter electoral* en la que la ciudadanía decide sobre las personas —partidos políticos o candidaturas independientes— que deben representar sus intereses en los gobiernos locales.

También esta es una forma de participar en los asuntos públicos y probablemente la de más trascendencia. No obstante, algunos autores destacan lo que se ha dado en llamar procesos de *radicalización democrática* en la que las ciudadanas y ciudadanos también pueden impulsar candidaturas electorales con programas construidos desde procesos ciudadanos y participativos al margen de las estructuras institucionalizadas de poder —por ello se entiende fundamentalmente a los *partidos políticos* que, por otra parte, son también una expresión de las posibilidades de participación ciudadana, en virtud de lo dispuesto en el artículo 6 de la Constitución— (Ubasart, 2009).

El *Voluntariado* también se una forma de participar en la vida local. En la actualidad, es la Ley 45/2015, junto con las distintas leyes autonómicas sobre esta misma materia las que regulan este mecanismo de participación. Desde un punto de vista formalista, hay que tener en cuenta que por *voluntariado* —artículo 3 de la ley— se entiende el conjunto de actividades de interés general desarrolladas por personas físicas, siempre que reúnan los siguientes requisitos: a) que tengan carácter solidario; b) 1ue su realización sea libre, sin que tengan su causa en una obligación personal o deber jurídico y sea asumida voluntariamente; c) que se lleven a cabo sin contraprestación económica o material, sin perjuicio del abono de los gastos reembolsables que el desempeño de la acción voluntaria ocasione a los voluntarios de acuerdo con lo establecido en el artículo 12.2.d); y d) que se desarrollen a través de entidades de voluntariado con arreglo a programas concretos y dentro o fuera del territorio español sin perjuicio de lo dispuesto en los artículos 21 y 22 de esta misma ley.

La participación ciudadana en el ámbito local también ha sido impulsada con carácter singular desde instancias internacionales como es el caso de la *Agenda Local 21*. Se trata de un programa para desarrollar la sostenibilidad a nivel planetario, aprobado por 173 gobiernos en la *Conferencia de las Naciones Unidas sobre Medio Ambiente y Desarrollo* celebrada en Río de Janeiro en 1992. Abarca aspectos económicos, sociales y culturales, así como relativos a la protección del Medio Ambiente. Su capítulo 28 anima a las comunidades locales a crear su propia versión, una *Agenda 21 Local.* En este caso, las comunidades locales se ocupan de la creación, el funcionamiento y el mantenimiento de la infraestructura económica, social y ecológica, supervisan los procesos de planificación, establecen las políticas y reglamentaciones ecológicas locales y contribuyen a la ejecución de las políticas ambientales en los planos nacional e internacional. Gracias a su cercanía a los ciudadanos, desempeñan una función importantísima en la educación y movilización de la ciudadanía en pro del desarrollo sostenible.

Finalmente, no queremos dejar de mencionar la participación ciudadana que se articula a través de procesos de *Planificación Estratégica Participada.* Como hemos descrito en los primeros epígrafes de este capítulo, en un escenario donde impera la interdependencia entre una gran pluralidad de actores públicos y privados, el territorio se convierte en el espacio de referencia para articular las diferentes políticas y coordinar las actuaciones que se llevan a término desde los diferentes niveles de gobierno (Farinós, 2005; Gallicchio, 2010). Debemos considerar, por tanto, la *política pública* como una política de los poderes públicos que responde a un problema definido y está condicionado por el contexto general en que es definido. El objetivo, en este escenario, es planificar unas políticas públicas enmarcadas en los planteamientos del *análisis de políticas públicas* desde una perspectiva de *gobernanza democrática neoinstitucional* y con el objetivo de alinear las políticas locales con los *Objetivos de Desarrollo Sostenible* aprobados por Naciones Unidas. La planificación, en este marco metodológico, puede y, para muchos, debe concretarse a través de un *Plan Estratégico Participado* de carácter territorial, en nuestro caso, local. En este marco, la planificación del territorio tiene como finalidad fundamental reconducir la evolución global de un lugar hacia un modelo de futuro, previamente reflexionado y consensuado por los habitantes de dicho lugar, evitando los efectos negativos de la evolución espontánea. Es básico, pues, establecer *de forma consensuada* los objetivos de desarrollo para el territorio local de que se trate. Para conseguirlo, podemos seguir, por ejemplo, modelos como el desarrollado por Noguera y Esparcia (2003) que incluye ocho etapas: 1. Desarrollo de la conciencia de crisis; 2. Creación de las estructuras de gobierno y gestión del plan; 3. Análisis de los valores del territorio; 4. Formulación de la misión y objetivos generales; 5. Definición del modelo estratégico; 6. Análisis interno y externo (diagnóstico); 7. Adaptación del modelo y priorización de las estrategias; y 8. Implementación. El objetivo principal en este tipo de planteamientos es que la propia población y sus entidades locales asuman el protagonismo de su propio desarrollo poniendo por sí mismos a trabajar todos sus recursos materiales y humanos en el marco de una alianza de gobierno abierto y en forma de red que, de acuerdo con principios y valores democráticos, cuenta con la ciudadanía y su participación activa.

En fin, si no más, estas son algunas de las formas de participación más extendidas en el ámbito local de gobierno. No es necesario decir que las propias dinámicas participativas y democráticas pueden dar lugar a una tipología más extensa y variada que la presentada aquí a partir de los resultados, evaluaciones y autoevaluaciones de estas y otras formas de participación ciudadana.

VI. REFERENCIAS BIBLIOGRÁFICAS

Agenda 21. https://www.un.org/spanish/esa/sustdev/agenda21/#:~:text=Programa%2021%20es%20un%20plan,influya%20en%20el%20medio%20ambiente

Alvárez, C. y Ganuza, E. coords. (2003). *Democracia y presupuestos participativos.* Icaria.

Barceló, S. y Pimentel, Z. (2002). *Radicalizar la democracia: Porto Alegre, un modelo de municipio participativo.* Los libros de la Catarata.

Baumen, Z. (2002). *Modernidad líquida.* Fondo de Cultura económica.

Beck, U. (2002). *La sociedad del riesgo global.* Siglo XXI.

Blanco, I. y Gomà, R. (2003). "Gobiernos locales y redes participativas: retos e innovaciones". *Revista del CLAD, Reforma y Democracia,* 26.

Borja, J. y Castells, M. (1998). *Local y global. La gestión de las ciudades en la era de la información.* Taurus.

Brugué, J. (2007). "La participación en el ámbito local: ¿una crisis de crecimiento? *Temas para el Debate,* 152.

— (2017). *Guia per dissenyar i executar processos participatius en l'àmbit municipal.* Direcció General de Transparència, Dades obertes i Qualitat democràtica de la Generaliat de Catalunya.

— (2018). "Los ritmos y los tumbos de la participación ciudadana". *Cuadernos Manuel Giménez Abad,* 16.

Brugué, J.; Donadsoln, M.; y Martí, S. (2003). *Democratitzar la democràcia: reptes i mecanismes de participació en l'àmbit local.* Fundació Catalunya Segle XXI.

Calvo Vérguez, J. (2011). *La experiencia de los presupuestos participativos en los entes locales.* Dykinson.

Campos Jiménez, A. (2014). *Participación ciudadana y administración local.* Tesis doctoral. Universidad Castilla-La Mancha. https://ruidera.uclm.es/items/7313f940-47f3-4250-95b1-e46aa2936dee

Castel Gayán, S. (2010). "La participación ciudadana en el ámbito local: experiencias". *Revista de Estudios de la Administración Local y Autonómica,* 312.

Castellanos Claramunt, J. (2017). "Empoderamiento y participación local: bases para un papel activo del ciudadano en la mejora de la democracia". AA.VV. *Estudios de Gobierno Abierto.* Diputación de Valencia. https://www.dival.es/sites/default/files/portal-de-transparencia/03%20Castellanos%20Jorge.pdf

— (2020). *La participación ciudadana en el ámbito local. La integración democrática de lo local y de lo global en la era digital.* Corts Valencianes.

Comisión Brundtland ONU *Nuestro futuro común* (1987). https://undocs.org/es/A/42/427

Corchete Marín, M.J. (2016). "Nuevas experiencias de la democracia en la ciudad: de la gobernanza al buen gobierno". Martín, A. y Cascajo, J.L. coords. *Participación, representación y democracia.* Tirant lo Blanch.

Corrrea Tierra, I. (2010). "La importancia de la participación en el desarrollo local". Barroso, M. y Flores, D. *Teorías y estrategias de desarrollo local.* Universidad Internacional de Andalucía.

Expósito, E. (2013). "Participación ciudadana en el gobierno local. Un análisis desde la perspectiva normativa". *Revista Aragonesa de la Administración Pública,* XIV.

Farinós, J. (2005). "Nuevas formas de gobernanza para el desarrollo sostenible del espacio relacional". *Ería,* 67.

Fernández Ramos, S. (2005). *La información y participación ciudadana en la Administración local.* Bosch.

Font, J. coord. (2001). *Ciudadanos y decisiones públicas.* Ariel.

Font, J. et al. (2012). *Mecanismos de participación ciudadana en la toma de decisiones locales: una visión panorámica. Documentos a Debate,* 6.

Fundación Kaleidos (2010). *Proximidad, nuevas tecnologías y participación ciudadana en el ámbito local.* Trea.

Gallicchio, E. (2010). "El desarrollo local: ¿territorializar políticas o generar políticas territoriales? Reflexiones desde la práctica". *Eutopía*, 1.

Ganuza Fernández, E. (2004). "La participación ciudadana en el ámbito local europeo". *Revista de Estudios Europeos*, 38.

Gomà, R. y Rewbollo, O. (2001). "Democracia local y ciudadanía activa: reflexiones en torno a los presupuestos participativos". Font, J. coord. *Ciudadanos y decisiones públicas.* Ariel.

Gutmann, A. y Thompson, D. (2004). *Why Deliberative Democracy?* Princeton University Press.

Ibáñez Macías, A. (2007). *El derecho constitucional a participar y la participación ciudadana local.* Difusión jurídica y Temas de Actualidad.

Jiménez Asensio, R. (2016). "Buena gobernanza y transparencia". http://www.novagob.org/blog/view/114828/buena-gobernanza-y-transparencia

Llavador, H. (2005). "Participación ciudadana y gobierno local". *Revista de Estudios Locales CUNAL*, 80.

Martí, J.L. (2006). *La República Deliberativa.* Marcial Pons.

Martín Cubas, J. (2016). "Democracia participativa en los entornos locales". Noguera Tur, J. coord. *La visión territorial y sostenible del desarrollo local: una perspectiva multidisciplinar*, vol. 2.

Montalbá, C. coord.; Grau, A.; Soria, E. y Martín Cubas, J. (2018). *El mínimo común de las políticas de participación locales.* Tirant lo Blanch.

Navarro Yáñez, C.J. (2002). *Democracia asociativa y oportunismo político. La política pública de participación ciudadana en los municipios españoles (1979-1993).* Tirant lo Blanch.

Noguera, J. (2011). *Pensamiento y planificación estratégica. Definición e implementación de estrategias de desarrollo.* Módulo 2 del Máster de Gestión y Promoción del desarrollo loca. Universidad de Valencia.

OCDE (2001). "Nota de Política Pública sobre Gestión Pública: Implicar a los ciudadanos en la elaboración de política: Información, consultas y participación pública". *Documento 10 del Comité PUMA.*

Orduña Prada, E. (2017). "Democracia local y participación ciudadana: nuevas perspectivas sobre consultas populares municipales". *Anuario de Gobierno Local*, 1.

Parés, M. coord. (2009). *Participación y calidad democrática. Evaluando las nuevas formas de democracia participativa.* Ariel.

Pascual Esteve, J.M. (2011). *El papel de la ciudadanía en el auge y decadencia de las ciudades*. Tirant lo Blanch.

Pike, A., Rodríguez-Pose, A. y Tomaney, J. (2011). *Desarrollo local y regional*. Universidad de Valencia.

Riego Artigas, P. del (2004). *La Agenda 21 Local: vehículo idóneo para la necesaria participación directa de los ciudadanos en el desarrollo sostenible*. Mundi-Prensa.

Rivero Ortega, R. y Sánchez Sánchez, Z. (2011). "Participación ciudadana en el ámbito local". Muños Machado, S. ed. *Tratado de derecho municipal*. Iustel.

Santos, B. de S. (2003). *Democracia y participación: el ejemplo del presupuesto participativo de Porto Alegre*. El Viejo Topo.

Sen, A. (2000). *Desarrollo y libertad. Planeta*.

Serrano, M.A. (2016). "La organización de la participación en el ámbito local". *Consultor de los Ayuntamientos y de los Juzgados*, 14.

Subirats, J. (2006). "Democracia, participación y transformación social". Alguacil, J. ed. *Poder local y participación democrática*. El Viejo Topo.

Subirats, J. et al. (2001). *Experiències de participació ciutadana en els municipis catalans*. Escola d'Administració Pública de Catalunya.

Tur Ausina, R. y Sanjuán Andrés, F.J. (2018). "Las consultas populares municipales. Instrumentos de la autonomía local para la mejora de la calidad democrática". *Cuadernos Manuel Giménez Abad*, 15.

Ubasart, G. (2009). "Experimentando la radicalización democrática. Mecanismos, procesos, metodologías y experiencias de participación ciudadana en el Estado español". Almonacid, V.; Rodríguez, J.R. y Sánchez, Z. *Estudios sobre la modernización de la Administración local*. La Ley-El Consultor de los Ayuntamientos.

VV.AA. (2012). *Ciudadanía local y participación en tiempos de cambio*. Fundación ACSAR.

VV.AA. (2021). *Plan Estratégico contra la Despoblación Avant 20/30*, de 4 de marzo de 2021. https://www.gva.es/portal-gva-portlet/htdocs/area_de_prensa/versionImprimiblePrensa.jsp?id_nota=929001&idioma=ES

Villoria, M. dir. y Forcadell, X. coord. (2016). *Buen gobierno, transparencia e integridad institucional en el gobierno local*. Tecnos.

Yerga Cobos, J.A. (2005). "Participación ciudadana y gobernanza local". *Revista de Estudios Locales CUNAL*, 87.

Zapata Hernández, V.M. (2016). "Los procesos de innovación social mediante la participación ciudadana como estrategia para el desarrollo local". Martínez Puche, A.; Amat Montesinos, X.; Sancho Carbonell, I.; Sanchiz

Castaño, D. eds. *Profesionales y herramientas para el desarrollo local y sus sinergias territoriales. Evaluación y propuestas de futuro.* Universitat d'Alacant.

La "iniciativa ciudadana" en la Ley 4/2023 de Participación Ciudadana: balance y perspectivas de futuro

MARIANO VIVANCOS COMES
Profesor Contratado Doctor de Derecho Constitucional
Universitat de València

I. LA "INICIATIVA CIUDADANA" COMO UNA MANIFESTACIÓN *SUI GENERIS* DEL PARADIGMA DE LA GOBERNANZA PARTICIPATIVA

En la actualidad, los avances sociales y tecnológicos han transformado profundamente la forma en que la ciudadanía interactúa con las instituciones públicas. En este contexto, la Comunidad Valenciana se ha provisto de un novedoso, reciente y potente instrumento legal (Ley 4/2023, de 13 de abril, de Participación Ciudadana y Fomento del Asociacionismo de la Comunitat[1]), adaptado a las nuevas necesidades de la participación

---

[1] BOE núm. 105, de 3 de mayo de 2023, 61379-61409. DOGV núm. 9579, de 20 de abril de 2023, 23316-23341. Sobre el particular y desde una perspectiva más amplia puede consultarse Vivancos Comes, M. (2023). "El marco de integridad institucional valenciano: de la transparencia al gobierno abierto", *Revista Valenciana d'Estudis Autonòmics*, (68), 259-281. A nivel de Derecho autonómico comparado existen, también, otros buenos trabajos. Véase Ruiz-Rico Ruiz, C., y Castel Gayán, S. (2014). "El derecho autonómico de participación ciudadana: un enfoque constitucional y su desarrollo legislativo". *Revista Estudios Jurídicos*. Segunda Época, (13), 1-33. Igualmente, centrado en el caso andaluz, Fernández Ramos, S. (2022). "La participación ciudadana en Andalucía: balance legislativo y prospectica" en Guichot Reina, E. (dir.) *Retos jurídicos actuales de la administración andaluza: I Jornadas del Instituto Cla-*

ciudadana(Castellanos, 2020), que posibilita un ejercicio más realista de la iniciativa que corresponde a la sociedad civil en toda una suerte de procesos participativos; desde el propiamente decisorio, hasta el vinculado con otras potestades que corresponden a la institución representativa por antonomasia, como la legislativa o incluso la presupuestaria.

Se parte de la convicción, tal y como destaca su exposición motivada, de que para construir unas instituciones democráticas más íntegras y eficaces, no basta con el esfuerzo exclusivo de nuestras instituciones. Es esencial, pues, que exista un diálogo constante entre nuestros representantes y la ciudadanía; fomentándose una participación no sólo activa sino, también, estructurada. Este modelo de democracia participativa requiere, por un lado, como presupuesto una sociedad civil fuerte, que sirva como canal para la acción colectiva, y, por otro, una ciudadanía comprometida con los asuntos públicos, dispuesta a contribuir en el proceso decisional que nos concierne a todos, a través de una cultura participativa arraigada en los valores que legitiman la convivencia democrática y nos sirven de encuentro.

La firme apuesta del legislador valenciano, alcanza también los efectos de la participación en las principales fases del ciclo de las políticas públicas (*definición de problemas, formulación de políticas, adopción de decisiones; implementación; y evaluación de resultados*), rebajando la edad de los titulares de un derecho estatutario (art. 9.4 EACV) —en consonancia con otras leyes recientemente aprobadas (Ley 26/2018, de 21 de diciembre, de derechos y garantías de la infancia y la adolescencia[2])—.

La regulación de la denominada “iniciativa ciudadana” (Auer, 2005) ha sido resultado de la maduración de la acción regulatoria que en materia participativa se ha desarrollado en las últimas

---

vero Arévalo en homenaje al profesor Manuel Clavero Arévalo. Sevilla: Universidad de Sevilla e Instituto Andaluz de Administración Pública, 47-76

2 BOE núm. 39, de 14 de febrero de 2019, 13767 a 13863; DOGV núm. 8450, de 24 de diciembre de 2018, 49621-49704.

décadas. Ya que la derogada Ley 11/2008, concretaba las "acciones" destinadas a encauzar la participación ciudadana (*audiencia ciudadana, foros de consulta, paneles y jurados ciudadanos,* art. 17), sin llegar a definirla como tal, como hace el instrumento legislativo de 2023. Gracias a este último —que fue un ejemplo de gobernanza "colaborativa", no sólo en la fase previa a su tramitación[3] sino, también, a través de la colaboración experta en su discusión parlamentaria[4]—, la regulación de la iniciativa ciudadana en el ámbito valenciano ha pasado de ser un mecanismo limitado a convertirse en una herramienta accesible, moderna y vinculada a la transformación digital.

Este progreso refleja el compromiso de las instituciones valencianas por fortalecer la participación ciudadana como pilar esen-

---

3 Este proceso se estructuró mediante un debate público en la web, talleres temáticos con sectores clave, y la recopilación de propuestas que sirvieron para identificar las necesidades y retos principales de la norma legal que iba a ser aprobada, articulándose en torno a herramientas como debates abiertos en el portal de participación -GVA Participa- y grupos de trabajo territoriales. Tales iniciativas posibilitaron recoger las inquietudes y propuestas de diversos sectores de la sociedad civil valenciana en la fase inmediatamente previa a su aprobación.

4 Diario de Sesiones de las Cortes Valencianas. Comisión de Coordinación, Organización y Régimen de las Instituciones de la Generalitat (X Legislatura), reuniones núms. 12/i II, de 23 y 24 de enero, pp. 290-313 y 316-338. Entre los comparecientes, figuran los siguientes: José Ignacio Pastor Pérez, miembro la Asociación Ciudadana y Comunicación (Acicom); Eduardo Béjar Méndez, presidente de la Asociación Plataforma Intercultural de España; Juan Antonio Caballero Defez, presidente de la Confederació d'Associacions Veïnals de la Comunitat Valenciana (Cave-Cova); y Carlos Flores Juberias, catedrático del Departamento de Derecho Constitucional y de CC Política y de la Administración de la Universitat de València; Mariano Vivancos Comes, profesor del Departamento de Derecho Constitucional y CC Política y de la Administración de la Universitat de València; Lluís Benlloch Calvo, miembro de la Red para la Gestión Comunitaria; Fernando Pindado Sánchez, abogado; y Daniel Tarragó Sanfeliu, socio director de Neòpolis y profesor asociado del Departamento de Sociología de la Universitat Autònoma de Barcelona.

cial de la democracia. Igualmente, ha servido para delimitar sus contornos de otras instituciones jurídicas afines, que también son indirectamente señaladas en la ley autonómica, pese a su regulación constitucional (art. 29 CE, precepto desarrollado orgánicamente mediante la Ley Orgánica 4/2001, de 12 de noviembre, reguladora del Derecho de Petición[5]) o autonómica específica (Ley 10/2017, de 11 de mayo, por la que se regula la Iniciativa Legislativa Popular ante Les Corts[6]), como la llamada "iniciativa popular".

Está por ver si este novedoso paradigma de gobernanza "participativa" (Red de Entidades Locales por la Transparencia y Participación Ciudadana, 2022), acorde con una concepción activa de la ciudadanía, ha cumplido sus expectativas y ha sabido distinguirse de los otros mecanismos e instrumentos incorporados en la norma y dirigidos, también, a generar una reflexión sobre la mejora y perfeccionamiento del autogobierno valenciano, tal y como quedo de manifiesto en las distintas intervenciones del seminario[7] que sirve de origen e inspiración al presente texto.

---

5 BOE núm. 272, de 13 de noviembre de 2001, 41367-41370.

6 BOE núm. 149, de 23 de junio de 2017, 51672-51680; DOGV núm. 8046, de 23 de mayo de 2017, 18184-18191.

7 Jornada titulada "El fomento de la participación ciudadana en el autogobierno de la Comunitat", celebrada el pasado día 16 de octubre de 2024 en el Departamento de Derecho Constitucional de la Universitat de Valencia, bajo la dirección de la Profesora Raquel del Valle Escolano y que había sido subvencionada a través de la Convocatoria de subvenciones destinadas a las universidades de la Comunitat Valenciana para la realización de actuaciones en materia de fomento del autogobierno, desarrollo del Estatuto de Autonomía, Derecho Foral Civil Valenciano y señas de identidad del Pueblo Valenciano en el ejercicio 2024 (Resolución de 4 de julio de 2024, de la Presidencia de la Generalitat. DOGV núm. 9892, de 15 de julio de 2024, 1-6).

II. REGULACIÓN AUTONÓMICA DE LA "INICIATIVA CIUDADANA": PRINCIPALES ASPECTOS LEGALES

La incorporación de la llamada "iniciativa ciudadana" en la Ley valenciana de Participación Ciudadana, en concreto dentro de su Título I ("*Participación Ciudadana*"), arts. 12 (*iniciativa ciudadana en el ámbito de la Generalitat*) y 13 (*iniciativa ciudadana en las entidades locales*), supone un avance notable para fortalecer la participación de la ciudadanía en la toma de decisiones públicas. Este mecanismo permite a la ciudadanía presentar propuestas concretas relacionadas con las políticas públicas, las normativas reglamentarias y las actuaciones de interés general. La regulación de este instrumento, contenida en la sección tercera de la ley, establece un marco claro y accesible para que las personas y entidades puedan impulsar cambios que respondan a las necesidades y prioridades sociales.

El primero de los preceptos aludidos[8], detalla las condiciones y procedimientos para presentar iniciativas ciudadanas en el ám-

---

[8] El Dictamen 606/2022, de 5 de octubre, del Consell Jurídic Consultiu se refirió expresamente a la "iniciativa ciudadana" y su observación propició, entre otros aspectos, que se incluyese un trámite de admisión con el objeto de garantizar su viabilidad (2022: 12-13).
El CJC también observa que la regulación del artículo 12 incluye la posibilidad de proponer la elaboración de disposiciones reglamentarias, lo que puede ser entendido como una manifestación del derecho de petición, reconocido en el art. 29 CE y desarrollado por la Ley Orgánica 4/2001, de 12 de noviembre (BOE núm. 272, de 13 de noviembre). Este derecho, que constituye una forma tradicional de participación ciudadana, debería ser explícitamente identificado bajo su propia denominación para evitar confusiones terminológicas y asegurar coherencia jurídica.
El CJCV cuestiona la introducción de conceptos amplios o indeterminados como el "interés general" y los ODS, señalando que estos últimos no tienen, por el momento, un valor jurídico directo en el ordenamiento español. Propone que las únicas restricciones aplicables sean aquellas previstas por la Constitución, el Estatut d'Autonomia y las leyes, evitan-

bito autonómico. La iniciativa ciudadana puede dirigirse a proponer políticas públicas, la elaboración de normas reglamentarias o cualquier actuación de interés público que sea competencia de la Generalitat. Dicho enfoque legal amplía el alcance tradicional de los instrumentos participativos, permitiendo a la ciudadanía involucrarse en diversas fases del ciclo de las políticas públicas autonómicas

Las propuestas deben respetar el marco constitucional, el Estatuto de Autonomía y el marco legal vigente. En caso de que la iniciativa plantee la modificación de normas legales, se vehiculiza a través de la regulación específica de la iniciativa legislativa popular ante las Corts Valencianes, lo que garantiza la coherencia jurídica y procedimental del proceso.

Las personas o entidades promotoras deben presentar sus propuestas mediante el Portal de Participación Ciudadana de la Generalitat (GVA Participa), una plataforma digital diseñada para canalizar las iniciativas ciudadanas y promover un diálogo fluido bidireccional entre la sociedad civil y la Administración del Consell que viene a ofrecer herramientas para la consulta y el debate ciudadano, así como un espacio para la presentación de propuestas legislativas, convirtiéndose en un eje central para facilitar la implicación activa de la ciudadanía-

Las iniciativas deben incluir una descripción detallada del problema que buscan resolver, el objetivo que pretenden alcanzar y las vías prioritarias para su consecución. Este requisito asegura

---

do interpretaciones subjetivas que puedan limitar el alcance del mecanismo.

P or último, la exclusión de iniciativas que persigan intereses individuales es considerada problemática, ya que no siempre dichos intereses implican una defensa particularista. El CJC sugiere que se contemple la posibilidad de defender intereses individuales de forma colectiva, lo cual es compatible con el espíritu participativo de la ley. Esta flexibilización evitaría restricciones injustificadas y fomentaría una mayor pluralidad de propuestas.

que las propuestas sean claras, concretas y orientadas a soluciones viables.

Para que una iniciativa prospere, debe obtener el apoyo mínimo de 5.000 avales en un plazo de cinco meses desde su publicación en el portal. Este sistema de recolección de avales permite medir el respaldo social de las propuestas y priorizar aquellas que cuentan con un interés general significativo.

Una vez obtenidos los avales requeridos, el departamento de la Generalitat competente, dispone de tres meses para elaborar un informe que evalúe la propuesta desde una perspectiva técnica, económica y de oportunidad. Este informe, que incluye los argumentos ciudadanos y la postura oficial de la Generalitat, se publica en el portal de participación para garantizar la transparencia del proceso.

El segundo precepto, amplía el alcance de la iniciativa ciudadana a las entidades locales, promoviendo la descentralización y adaptando el mecanismo a las realidades específicas de cada municipio. Las entidades locales están obligadas a incluir en sus normativas los procedimientos y requisitos para la presentación de iniciativas ciudadanas, respetando los límites establecidos por la ley autonómica.

Las iniciativas deben dirigirse a cuestiones que sean competencia de las entidades locales, garantizando su pertinencia en el ámbito municipal.

Cada entidad puede determinar el número de avales necesarios y el plazo de recogida, siempre que estos no superen los 5.000 avales y cinco meses establecidos para las iniciativas autonómicas. Este enfoque permite que el instrumento sea adaptable a la diversidad demográfica y social de los municipios valencianos.

La regulación de la iniciativa ciudadana en la Comunitat Valenciana tiene un potencial transformador en varios aspectos:

a) Empoderamiento Ciudadano: Proporciona a las personas una herramienta directa para influir en las políticas públicas y normativas, fortaleciendo su papel como agentes activos en la toma de decisiones.

b) Fomento de la Transparencia y la Rendición de Cuentas: La obligación de publicar informes detallados sobre las propuestas garantiza un seguimiento transparente y fomenta la confianza en las instituciones.

c) Participación Local Activa: La inclusión de la iniciativa ciudadana en las entidades locales promueve una mayor proximidad entre gobernantes y gobernados, potenciando la acción colectiva en asuntos locales.

d) Uso de Herramientas Digitales: La centralidad del portal GVA Participa facilita procesos accesibles y eficientes, adaptados a la era digital.

Aunque la regulación establece una base sólida para la implementación de la iniciativa ciudadana, enfrenta desafíos como la necesidad de fomentar una mayor cultura participativa y de garantizar que los procesos sean inclusivos y representativos. Por otro lado, su diseño adaptado a las tecnologías digitales ofrece oportunidades para una participación más ágil y amplia, especialmente entre las generaciones más jóvenes y en contextos geográficamente dispersos.

III. DIFERENCIAS ENTRE LAS INICIATIVAS CIUDADANA Y "PETITORIA"

La iniciativa ciudadana objeto de desarrollo por el legislador autonómico puede solaparse con uno de los derechos constitucionalizados de mayor raigambre: el derecho de petición, tal y como hemos visto señaló certeramente el CJCV en su dictamen 606/2022. Ambos comparten la finalidad de permitir que la ciudadanía participe en la vida pública y se comunique con los poderes públicos, aunque también presentan diferencias esenciales en su configuración, naturaleza y ámbito de aplicación. A continuación, pasaremos a detallar las características distintivas más acusadas:

En primer lugar, por su distinta naturaleza jurídica y regulación, ya que mientras la iniciativa ciudadana se configura como un mecanismo de participación ciudadana previsto en la legislación autonómica, el derecho constitucional de petición está consagrado constitucionalmente y permite a los ciudadanos dirigirse a los poderes públicos para formular solicitudes, quejas o propuestas. Este derecho, además cuenta con una regulación específica a través de la Ley Orgánica 4/2001, y tiene un carácter que podríamos calificar d residual o supletorio, ya que solo se aplica cuando no existe un procedimiento específico regulado legalmente.

Igualmente, también su finalidad y alcance los diferencian. La finalidad de la iniciativa ciudadana es propositiva y participativa, ya que permite a la ciudadanía instar a la Administración de la Generalitat acometer medidas concretas o elaborar disposiciones normativas. En el caso valenciano, las iniciativas deben abordar cuestiones de interés público dentro del marco competencial de la Generalitat o de las entidades locales, excluyendo asuntos que persigan intereses "estrictamente" individuales (algo que no es plenamente coincidente con interés particulares individualizados por cuanto cabe hacerlo de forma colectiva) o que resulten incompatibles con el marco legal vigente. Por el contrario, el derecho constitucional de petición, tiene un propósito más general y amplio, al permitir que cualquier persona exprese solicitudes, quejas o propuestas a los poderes públicos. No está diseñado específicamente para influir en la elaboración de políticas públicas ni en la toma de decisiones normativas, sino para garantizar la posibilidad de interacción básica entre los ciudadanos y las instituciones.

En cuanto al procedimiento y requisitos, también existen diferencias notables. En el primer supuesto, el procedimiento está estrictamente regulado y requiere el cumplimiento de una serie de formalidades:

a) La presentación de una propuesta detallada en un portal de participación, que incluya la descripción de la problemática, el objetivo y las vías para alcanzarlo.

b) La recolección de un número mínimo de avales (5.000 en el ámbito autonómico valenciano) en un plazo máximo de cinco meses.

c) Una evaluación técnica por parte de la administración competente, que deberá emitir un informe con los argumentos presentados y la postura oficial sobre la viabilidad y oportunidad de la propuesta.

Mientras que por lo que respecta al derecho de petición, es un procedimiento más simple y flexible. Basta con que la solicitud sea presentada de forma escrita ante la autoridad correspondiente, sin que se exijan avales, plazos específicos ni requisitos formales complejos. Sin embargo, su resolución puede ser rechazada si el objeto de la petición está regulado por otro procedimiento administrativo, judicial o legislativo, tal y como establece la Ley Orgánica 4/2001.

El carácter individual o colectivo también es un rasgo diferenciador de ambos. La esencia de la iniciativa "ciudadana" es colectiva, ya que la viabilidad de una iniciativa depende de la consecución de un respaldo social significativo, expresado en el apoyo de un número determinado de personas (4.000 avales). Este requisito tiene como finalidad garantizar que las propuestas presentadas representen un interés amplio y no solo individual. Aunque el derecho de petición puede ejercerse de manera colectiva, su naturaleza es esencialmente individual. Cualquier ciudadano, en su propio nombre, puede presentar una solicitud sin necesidad de organizar un respaldo colectivo.

Por concluir, la iniciativa suele culminar en un debate institucional a través de los órganos administrativos competentes (órganos directivos dependientes de la Secretaría Autonómica de

Relaciones Institucionales y Transparencia[9]) o en la adopción de una respuesta formal por parte de la Administración de La Generalitat. Si la iniciativa ciudadana cumple con los requisitos legales (como número de firmas, contenido adecuado, etc.), las instituciones están obligadas a tramitarla, lo que implica incluirlas en el debate sobre la actuación pública correspondiente. Su resultado, sin embargo, puede ser de aceptación o rechazo, impidiéndose en este último supuesto que la medida pase del planteamiento a la acción. Por el contrario, el ejercicio del derecho de petición se perfecciona con la mera recepción de la petición formulada en las diferentes instancias públicas; con independencia del curso que pueda seguir la iniciativa en el futuro.

IV. INICIATIVA POPULAR VS CIUDADANA

La relación con otros procedimientos jurídicos preexistentes permite diferenciarlos también ya que la iniciativa no entra en conflicto con los mismos, actuando de forma complementaria para promover una democracia participativa —la LPC establece que este mecanismo no sustituye a la regulación de la iniciativa legislativa popular prevista en el art. 87.3 CE y cuyo ejercicio también ha sido desarrollado a nivel autonómico— mientras que el segundo, tiene carácter supletorio o residual, lo que significa que

---

9 El Decreto 10/2024, de 12 de abril, del president de la Generalitat, por el que se determina el nivel administrativo de la Presidencia de la Generalitat (DOGV núm. 9832, de 19 de abril de 2024, 16000-16024). En el cap. I, aparece concretado el nivel administrativo de la Dirección General de Transparencia y Participación (art. 5), asignándose a la subdirección Subdirección General de Participación Ciudadana, las funciones relacionadas con el mecanismo participativo que estamos analizando que se encuentra en el núcleo de varias funciones relacionadas con la participación ciudadana, especialmente en las que promueven el diseño metodológico y las directrices en participación ciudadana; o su estudio y mejora a través del desarrollo normativo; o, incluso, la definición de un modelo de gobernanza participativa territorial (art. 9), entre otras.

no puede emplearse cuando el ordenamiento jurídico ofrece un cauce específico para atender la solicitud planteada. Así lo expresa el art. 3 de la Ley Orgánica 4/2001, el derecho de petición queda excluido en casos donde ya existan procedimientos administrativos, legislativos o judiciales aplicables.

Con lo que cabe hacer una última valoración jurídica de ambos. La iniciativa ciudadana permite a los gobernados una participación activa en la gestión pública, fomentando una corresponsabilidad democrática, y erigiéndola como un mecanismo avanzado de participación que complementa la acción representativa de los órganos políticos y administrativos. Mientras, el derecho de petición configurado como un derecho fundamental por su ubicación sistemática en la constitución (sección 1ª del Cap. II del Título I), tiene un alcance práctico limitado por su carácter supletorio. Por utilizar las mismas palabras del Tribunal Constitucional: el derecho de petición es un "concepto residual, pero no un residuo histórico", que permite canalizar solicitudes fuera de procedimientos ya establecidos (STC 242/1993, de 14 de julio, FJ 1º).

Otro ámbito que destaca la nueva regulación de la participación ciudadana en el ámbito valenciano es la de la elaboración de normas y planes, que sistematiza la Ley de Participación Ciudadana en la Sección 4ª, tras la regulación de la iniciativa ciudadana. Igual que vimos en el epígrafe anterior, se trata de instrumentos de participación ciudadana que comparten el objetivo de acercar las decisiones públicas a la ciudadanía pero que se distinguen por su ámbito de aplicación, requisitos y alcance. La iniciativa ciudadana, según la regulación vigente ya citada, amplía las posibilidades de intervención ciudadana más allá del ámbito legislativo (Burguera Amenave, 2016), ofreciendo un mecanismo menos restrictivo y más participativo, aunque sin fuerza vinculante. Por su parte, la ILP se configura como un instrumento más formalizado y vinculante, aunque limitado en su objeto y accesibilidad, tal y como establece su regulación (art. 26.2 in fine EACV[10]: "(…) *También podrá ser ejercida a través de la iniciativa popular en la forma que se regule por ley y en los términos previstos por el Reglamento de Les Corts*"). Vamos a verlo con detenimiento.

Frente a la iniciativa popular[11], contemplada en el art. 130 del Reglamento de Les Corts[12] y desarrollada mediante la vigente Ley 10/2017, de 11 de mayo[13], la iniciativa cívica tiene un ámbito más amplio y flexible, ya que no se limita exclusivamente al impulso de leyes en Les Corts Valencianes, sino que también incluye la promoción de proyectos, programas y un amplio abanico de ac-

---

10 Sobre este precepto, pueden consultarse los comentarios realizados por el letrado de Les Corts, Joaquín Marco Marco, en Garrido Mayol, V. (Dir.). *Comentarios al Estatuto de Autonomía de la Comunitat Valenciana*. València: Tirant lo Blanch y Consell Jurídic Consultiu Comunitat Valenciana, 497-500. Del mismo autor en colaboración con García i Mengual, F. (2024). *La iniciativa legislativa popular en el ámbito de la Comunitat Valenciana: la problemática de la aplicación de la Ley 10/2017, de la Generalitat, por la que se regula la iniciativa legislativa popular ante Les Corts*, Cuadernos Constitucionales, (5), 31-52.

11 La regulación autonómica pertenece a la segunda generación de leyes sobre esta cuestión, que flexibilizan el modelo para fomentar su ejercici. Ver, Cabedo Mallol, V. (2016). Las dos generaciones de leyes autonómicas sobre la iniciativa legislativa popular. *Oñati Socio-legal Series* [online], 7 (5), 1082-1115. Disponible en la siguiente dirección web: http://ssrn.com/abstract=3041163. Cabedo Mallol, V. (2009). "La iniciativa legislativa popular en las comunidades autónomas: la necesaria reforma de su legislación", *Teoría y realidad constitucional,* (24), 455-476

12 El Pleno de Les Corts Valencianes, en sesión celebrada el día 28 de febrero de 2024, debatía la Propuesta de reforma del artículo 130 del Reglamento de Les Corts Valencianes, presentada por el Grupo Parlamentario Vox Cortes Valencianas (RE número 10.646, BOCV 43), por el procedimiento de lectura única, que será publicada seis días más tarde (DOGV núm. 9803, de 6 de marzo de 2024, 10371; BOE núm. 63, de 12 de marzo de 2024, 29166-29167).

13 DOGV núm. 8046, de 23 de mayo de 2017; BOE núm. 149, de 23 de junio de 2017. La Ley 10/2010 ha derogado la Ley 5/1993, de 27 de diciembre, reguladora de la iniciativa legislativa popular de la Comunitat Valenciana.

tuaciones administrativas de la más diversa índole. El ámbito de la primera, pues, es estrictamente legislativo, es decir, limitado a la elaboración, reforma o derogación de normas con rango de ley.

También se diferencia en cuanto a los requisitos para su activación. Recordemos que, en el caso de la iniciativa ciudadana, esta se presenta a través del portal de participación de la Generalitat. Requiere una descripción de la problemática, el objetivo y la vía prioritaria para su consecución. Para prosperar, debe obtener un mínimo de 5.000 avales en un plazo de cinco meses desde su publicación en el portal. Una vez conseguido el apoyo ciudadano, la Generalitat dispone de un plazo de tres meses para emitir un informe técnico, económico y de oportunidad sobre la viabilidad de la propuesta. Por el contrario, la iniciativa legislativa requiere un mínimo de 10.000 firmas (art. 8.3, Ley 10/2017); exigiéndose que las firmas deban resultar certificadas y validadas por la Junta Electoral Autonómica. Incluso, la iniciativa debe incluir un texto articulado del proyecto de ley propuesto y cumplir estrictos requisitos formales para poder ser admitida en cuanto a su trámite. Para quizás uno de los expertos más destacados en la materia (Marco Marco, 2008), una serie de aspectos (como el número de firmas requerido —ya rebajado considerablemente—; el limitado número de materias sobre las que puede versar —excluyéndose las iniciativas en materia presupuestaria o en materias sobre las que la Generalitat no sea competente—; y las dificultades económicas y burocráticas —que también se han limitado considerablemente—) habrían provocado su "infrautilización".

Difiere también en cuanto a sus resultados. Ya que la iniciativa ciudadana carece de fuerza vinculante —es decir, aunque obtenga los avales requeridos y el informe técnico sea favorable, la Generalitat nunca se verá obligada a implementarla— ya que su finalidad es abrir un espacio de diálogo y debate fructífero entre la ciudadanía y la Administración de la Generalitat, promoviendo la deliberación y la participación directa por cuanto hace a sus políticas públicas. Su resolución se publica en el portal de participación, promoviendo la transparencia del resultado seguido con la misma. Por el contrario, la ILP autonómica tiene fuerza vinculante en el sentido de que, si cumple los requisitos legales —que insistimos han sido "rebajados" considerablemente por el legislador autonómico—, deberá ser debatida en Les Corts[14], aunque estas no estén obligadas a la aprobación final del texto. El órgano legislativo debe tramitarla como un proyecto de ley (ordinario), aunque en su tramitación parlamentaria existen algunas peculiaridades que han sido destacadas por la doctrina (Cotino Hueso y Martínez Martínez, 2021), tales como su remisión al Consell para que este pueda emitir su criterio. Dándose, también, audiencia a la comisión promotora que —gracias a la última modificación del Reglamento de Les Corts, podrán intervenir en el pleno para expresar su valoración, ya que anteriormente no se podía sustanciándose este en la Comisión legislativa de Les Corts. En todo caso, corresponde a los órganos rectores del parlamento valenciano decidir si tramitan o, incluso, si aceptan la iniciativa; viéndose obligados a considerarla con seriedad y respetando, en todo caso, su espíritu en tanto esta se sustancia en Les Corts, aunque esto no es obstáculo a la libertad con que cuentan los promotores de la iniciativa para retirarla en cualquier momento durante su trámite.

También las limitaciones que el marco jurídico proyecta sobre ambas las diferencia enormemente. La iniciativa ciudadana, como se ha visto en el segundo de los epígrafes de este capítulo, puede versar sobre cualquier materia dentro de las competencias de la Generalitat siempre y cuando no contravenga la Constitución ni el Ordenamiento Jurídico valenciano. Estando más orientada a cuestiones de interés público general, incluyendo tanto

---

14 Admitida a trámite una iniciativa legislativa popular, la Mesa de Les Corts la someterá al dictamen del Consell Jurídic Consultiu de la Comunitat Valenciana (CJCCV) de conformidad con el procedimiento anterior. El dictamen incidirá en aspectos de técnica normativa y en la adecuación del texto de la proposición legislativa a las normas internas de superior jerarquía, las normas europeas y la legislación básica aplicable a la materia objeto de regulación. La solicitud de dictamen suspenderá la tramitación de la iniciativa legislativa popular en los términos previstos en la Ley 39/2015, de 1 de octubre, del Procedimiento Administrativo Común de las Administraciones Públicas.

actuaciones concretas como propuestas reglamentarias (normas con rango inferior a la ley). Por su parte la ILP, excluye determinadas materias —reservadas constitucionalmente al Gobierno o al parlamento— como las relativas a impuestos, Presupuestos Generales o el derecho de gracia. Y, desde luego, no incluye actuaciones administrativas ni propuestas reglamentarias, ya que su alcance está limitado al ámbito legislativo.

¿Cuál es por tanto la relación entre ambas figuras? La iniciativa ciudadana puede ser vista como una vía más flexible y accesible para la participación, adecuada para propuestas que no requieren rango legal, como la implementación de políticas públicas o, incluso, su desarrollo reglamentario. Si una iniciativa ciudadana afecta a normas legales (es decir, si su objetivo es crear, modificar o derogar una ley), debe reconducirse al procedimiento establecido para la iniciativa legislativa popular (ILP), según lo dispuesto en el art. 12.2 de la Ley 4/2023. Ambas figuras son complementarias dentro del mismo ámbito, ofreciendo diferentes niveles de intervención en función del tipo de propuesta y del alcance jurídico requerido.

Cabe destacar, también, que la pasada legislatura (X) los grupos parlamentarios de la oposición (PP, Cs y Vox) sumaron sus apoyos para intentar —sin éxito— modificar el Reglamento de Les Corts en aras a su plena adecuación a la Ley 10/2017; habiendo sido a fecha de hoy aprobada la modificación que ha posibilitado que las primeras ILPs[15] que han tenido entrada en Les Corts en la presente legislatura hayan podido ser, finalmente, debatidas en pleno.

---

15 Entre ellas se cuentan las ILPs de ERC, CSIF, STPEV y Hablamos Español sobre higiene femenina, la enfermera escolar, las ratios en las aulas y la elección de la lengua, respectivamente.

V. EJERCICIO EFECTIVO DE LAS INICIATIVAS CIUDADANAS: UNA VISIÓN DE CONJUNTO

Aunque el portal GVA Participa no cuenta con una estadística de las iniciativas "ciudadanas" planteadas o registradas vía telemática a través del cauce legal oportuno, estas son accesibles tras el volcado de la información que les van llegando a los diferentes departamentos del Consell. El portal destaca, igualmente, aquellas iniciativas que han sido descartadas —la de mayor adhesión no supera los 1510 apoyos— al no haber podido cosechar los avales necesarios para activar la acción informativa por parte de la Generalitat, organizándolas escalonadamente en base a los apoyos cosechados.

El pasado 25 de noviembre de 2024, se registró una iniciativa ciudadana avalada por 5.000 apoyos que en su literalidad solicitaba la "retirada del nuevo proyecto normativo en escuelas"; una propuesta que se centraba en la "objeción" a la elección de la lengua en las enseñanzas del sistema educativo, argumentando que no garantiza un aprendizaje equilibrado de las competencias en ambas lenguas cooficiales, tal y como lo establece el currículum educativo.

El órgano directivo competente ha tenido que emitir un informe jurídico aclaratorio sobre el procedimiento legal y normativo que está en curso y al que se refiere la iniciativa ciudadana apuntada. Comienza aclarando el informe que, en la actualidad, no existe ningún proyecto normativo en trámite que proponga la elección de lengua base en los niveles educativos de Educación Infantil, Primaria, Secundaria y Bachillerato. El proceso en cuestión es un procedimiento de consulta[16] pública previa relacionado con

[16] Este trámite de consulta, anunciado en el DOGV núm. 9988, de 20 de noviembre de 2024, no está asociado a un proyecto normativo definitivo. En esta fase, el único objetivo de la consulta es regular el procedimiento para que las familias puedan expresar su elección sobre la lengua base, sin que se planteen cambios sobre la opción de lengua base misma, ya que está establecida en la Ley 1/2024 reconociendo el

la elaboración de una Orden de Conselleria para convocar a los representantes legales del alumnado a elegir la lengua base a partir del curso próximo (2025-2026), conforme a lo dispuesto en la Ley 1/2024, de 27 de junio, de la Generalitat, sobre libertad educativa[17], un texto que posibilita, por vez primera, que la planificación educativa se haga a partir de la demanda de las familias. Esta novedad, junto al hecho mismo de que dicho instrumento deroga la Ley 4/2018, de 21 de febrero, por la que se regula y promueve el plurilingüismo en el sistema educativo valenciano ha generado igualmente una controversia constitucional sobre su contenido, estando pendiente de resolver el recurso de inconstitucionalidad (7174/2024) presentado en su contra por 50 diputados del Congreso de distintas afiliaciones políticas (desde Bildu a Compromís) y a pesar del reproche gubernamental que ciertos detalles de su contenido (exenciones al valenciano y requisito lingüístico del profesorado) anticipados en la Comisión Bilateral Estado-Generalitat no se traducirán en un segundo recurso.

Se quiso destacar que el proceso de consulta pública habilitado no tiene la facultad de modificar la opción de lengua base, al estar blindada esta mediante el instrumento legal señalado; y, también, constatar que este tiene como único propósito la regulación de la consulta a las familias, conforme a la disposición transitoria segunda de la Ley 1/2024, para garantizar el derecho de las familias a elegir la lengua base y al mismo tiempo asegurar que los estudiantes continúen en su centro educativo durante todo su recorrido de enseñanza básica.

Dado que la propuesta presentada en el portal GVA Participa no se ajusta al ámbito de consulta abierto por el procedimiento administrativo en curso, se recomienda que la iniciativa sea dirigi-

---

derecho de las familias a elegir entre el valenciano y el castellano, norma que si dispone de rango legal. Diversas circunstancias han ido demorando la misma, primero como consecuencia de la fatídica DANA, y, más tarde, por las alegaciones que se han registrado en su contra.

17 DOGV núm. 9880, de 28 de junio de 2024, 32691-32714; BOE núm. 192, de 9 de agosto de 2024, 102501-102519.

da a la iniciativa (legislativa) popular (ILP) ante las Corts Valencianes, conforme a lo establecido en la legislación vigente analizada en el epígrafe anterior; al ser esta la vía adecuada para plantear propuestas que impliquen la modificación de leyes en vigor, como es el caso de la vigente Ley 1/2024 que regula la libertad educativa y la elección de la lengua base.

Aunque la iniciativa presentada no puede derivar en una modificación del proyecto normativo en curso, se ha considerado oportuno dar traslado de esta propuesta a la Conselleria competente en materia de Educación, para que tome nota del solapamiento de dos procedimientos participativos que deberían ser distintos por las razones que anteriormente se han expresado.

En base a los argumentos expuestos, resulta fundamental avanzar hacia la centralización y sistematización de los datos relativos a la participación ciudadana en el portal GVA Participa. La falta de indicadores estadísticos accesibles y la dispersión de la gestión de las herramientas de participación en distintos centros directivos dificultan la evaluación eficaz de las iniciativas ciudadanas hasta ahora presentadas.

A tal fin, se recomienda que en el proceso de remodelación del portal previsto para este mismo ejercicio (2025), se priorice la implementación de un sistema centralizado de seguimiento y análisis de las iniciativas ciudadanas. Esto no solo facilitará la consulta y análisis de la participación, sino que también permitirá a los responsables de la gestión de la participación contar con datos claros y precisos para la toma de decisiones a través de la "minería" de dicha información. Además, la incorporación de indicadores estadísticos en tiempo real contribuirá a mejorar la transparencia, optimizar la rendición de cuentas y reforzar la confianza ciudadana en los procesos participativos, promoviendo así una mayor involucración y compromiso de la ciudadanía con las políticas públicas.

Esta mejora contribuiría a fortalecer la eficacia de la participación ciudadana, permitiendo que tanto los ciudadanos como los responsables de la administración dispongan de herramientas adecuadas para gestionar de manera eficiente los procesos de consulta y participación.

VI. REFERENCIAS BIBLIOGRÁFICAS

Auer A. (2005). "European Citizens' Initiative: Article I-46.4 Draft Convention", *European Constitutional Law Review*, (1), 79-86.

Álvarez Carreño, S. (1999). *El Derecho de petición. Estudio de los sistemas español, italiano, alemán, comunitario y estadounidense.* Granada: Comares.

Burguera Amenave, L. (2016). "Centralidad paralmentaria e iniciativa ciudadana en el proceso legislativo", *Revista de Estudios Políticos*, (171), 105-136.

Cabedo Mallol, V. (2009). "La iniciativa legislativa popular en las comunidades autónomas: la necesaria reforma de su legislación", *Teoría y realidad constitucional*, (24), 455-476

Cabedo Mallol, V. (2016). "Las dos generaciones de leyes autonómicas sobre la iniciativa legislativa popular", *Oñati Socio-legal Series* [online], 7 (5), 1082-1115.

Castellanos Claramunt, J. (2020). Participación ciudadana y buen gobierno democrático: posibilidades y límites en la era digital. Madrid: Marcial Pons.

Cotino Hueso, L. y Martínez Martínez, R. (2021), "Polítiques de Transparència", Qualitat Democràtica i Bon Goven" en Martín Cubas, J.; Garrido Mayol, V.; y Roig Berenguer, R. (Eds.), *Política i Govern a la Comunitat Valenciana.* València: Tirant lo Blanch, 469-481.

Dougan, M. (2011). "What are we to make of the citizens' initiative?", Common Market Law Review, (48), 1807-1848.

Fernández Ramos, S. (2022). "La participación ciudadana en Andalucía: balance legislativo y prospectica" en Guichot Reina, E. (dir.) Retos jurídicos actuales de la administración andaluza: I Jornadas del Instituto Clavero Arévalo en homenaje al profesor Manuel Clavero Arévalo. Sevilla: Universidad de Sevilla e Instituto Andaluz de Administración Pública, 47-76

Garrido Mayol, V. (dir). (2013). *Comentarios al estatuto de Autonomía de la Comunitat Valenciana.* Tirant lo Blanch y Consell Jurídic Consultiu Comunitat Valenciana.

Ridaura Martínez, Mª J. (2024). "Comunitat Valenciana" en García Roca, J.; Carmona Contreras, A.; y Moya Malapeira, D., *Informe Comunidades Autónomas 2023.* Observatorio de Derecho Público, 227-236.

Ruiz-Rico Ruiz, C., y Castel Gayán, S. (2014). "El derecho autonómico de participación ciudadana: un enfoque constitucional y su desarrollo legislativo". *Revista Estudios Jurídicos.* Segunda Época, (13), 1-33

Marco Marco, J. (2008). *La iniciativa legislativa popular. La experiencia valenciana.* Les Corts Valencianes.

Marco Marco, J. y García i Mengual, F. (2024). La iniciativa legislativa popular en el ámbito de la Comunitat Valenciana: la problemática de la aplicación de la Ley 10/2017, de la Generalitat, por la que se regula la iniciativa legislativa popular ante Les Corts, *Cuadernos Constitucionales*, (5), 31-52.

Monaghan, E. (2012). "Assessing Participation and Democracy in the EU: The Case of the European Citizens' Initiative". *Perspectives on European Politics and Society*, (13), 285 - 298.

Vivancos Comes, M. (2023). "El marco de integridad institucional del valle valenciano: de la transparencia al gobierno abierto", *Revista Valenciana d'Estudis Autonòmics*, (68), 259-281.

Participación ciudadana en medios digitales

MÉLANY BARRAGÁN MANJÓN
Profesora Permanente Laboral de Ciencia Política
y de la Administración
Universitat de València

I. INTRODUCCIÓN

Tal como advirtió Manuel Castells (2001) hace ya más de dos décadas, el auge de las tecnologías de la información y la comunicación (TIC) ha contribuido a los rápidos cambios que se observan en los comportamientos políticos, sociales, económicos y culturales a lo largo del mundo. Así, en la actualidad, el uso de las TIC está presente en numerosas dimensiones de la vida cotidiana de las personas: en sus relaciones interpersonales, en el trabajo a distancia, en el acceso a la cultura, en el pago de impuestos o en el acceso a servicios públicos y privados, entre otros (Singer y Merlín, 2023).

De este modo, la digitalización ha impactado tanto a la esfera pública como la privada. Esto se evidencia, por un lado, en las estadísticas sobre penetración de internet, interconexión de aparatos y el volumen de datos creados. Por otro lado, en el hecho de que las formas de interacción sociopolítica se han modificado sustantivamente. Como señala Hanschitz (2017), los medios digitales generan nuevos espacios para la interconectividad personal, social, política y también de conocimiento. Y, dentro de estos espacios, se incluye la interacción entre los ciudadanos y las instituciones públicas.

En este contexto, la participación ciudadana digital puede entenderse como el "proceso mediante el cual se busca involucrar y empoderar a la ciudadanía a través de las TIC en la formulación de políticas, la toma de decisiones y el diseño y la prestación de servicios, con el fin de que sea deliberativa, participativa e inclusiva, desarrollando prácticas que garanticen voz e incidencia real a la ciudadanía y, en especial, a las personas y a los grupos menos aventajados, en riesgo de exclusión o excluidos/as" (Rubio Núñez et al., 2023:18)

Los medios digitales constituyen, en definitiva, una extensión de la participación que genera nuevos espacios para la deliberación, discusión, votación y revisión de decisiones públicas. Su naturaleza facilita la participación desde cualquier punto de ubicación, ahorrando traslados y tiempo, y aumenta el número de participantes (Aguirre, 2013). Pero, además, establece nuevas formas de vinculación entre ciudadanos y representantes, estableciendo nuevos canales de comunicación, generando un fructífero intercambio de información administración-ciudadanía y fortaleciendo la legitimidad de los compromisos adoptados al crearse un sentido de pertenencia y colaboración en ambas direcciones (Ladrón de Guevara, 2023).

Por tanto, el desarrollo de experiencias de participación ciudadana a través de medios digitales parece contribuir a incrementar la sensibilización y concienciación de la sociedad con relación a cuestiones que afectan a la esfera pública, la corresponsabilidad, y la acción colectiva en los procesos de cambio. Debido a su relevancia y su creciente presencia en las relaciones ciudadanía-Estado, el presente capítulo se propone como un marco de análisis y reflexión sobre los procesos de participación ciudadana en medios digitales. Pretendiendo ser una guía tanto para el investigador especializado como para un público más amplio, el texto ofrece un marco para abordar el proceso de digitalización de la participación, presente en las sociedades desarrolladas contemporáneas.

II. LA PARTICIPACIÓN CIUDADANA Y LAS OPORTUNIDADES DEL ENTORNO DIGITAL

La búsqueda de nuevas formas de participación —entre las que se incluye la digital— responde, al menos en parte, a la crisis de representación que afectan las democracias avanzadas. Esta crisis de la democracia representativa deriva, a su vez, del blindaje que partidos e instituciones ejercen sobre los procesos de toma de decisiones (Nicolás, Tucho y de Madariaga, 2005). Como consecuencia de ello, la participación ciudadana busca nuevos cauces para participar en el diseño, definición y programación de las políticas públicas.

No obstante, la naturaleza de los asuntos públicos en muchas ocasiones es tan sofisticada y compleja que difícilmente se pueden limitar a la celebración de elecciones o a consultas de "sí o no" (Przeworski, 1998). La sociedad de riesgo de la que habló Beck (1989) ha convertido la esfera pública en un lugar caracterizado por la incertidumbre, la contingencia y la complejidad. Como respuesta a ello, la esencia de la democracia deja de limitarse al voto, la agregación de intereses y el autogobierno, para incluir procedimientos decisorios colectivos y abiertos que fomenten la participación ciudadana. Se produce así una renovación del compromiso democrático que incluye procesos más amplios de transformación política y social. La imposibilidad de deslindar los componentes formales e informales de la actividad política acaba también con la rígida separación de la representación política formal y la participación ciudadana (Bang y Dyrberg, 2003)

En este contexto, la participación se entiende como la presencia activa en los procesos que preocupan a interesan a los ciudadanos (Sanhueza, 2004). Ya sea de forma individual o colectiva, la participación se convierte en un medio para la distribución del poder que persigue influir en el proceso de decisiones públicas (Bermúdez y Mirosevic, 2008). Esta participación en el poder genera, a su vez, un fortalecimiento y desarrollo de las capacidades de los ciudadanos para controlar aquellas cuestiones que afectan a su vida. Como consecuencia de ello, se fomenta la actuación comprometida, consciente y crítica de la ciudadanía en la transformación de su entorno (Torcal, Montero y Gunther, 2003).

La participación ciudadana se presenta así en una alternativa para conectar a las instituciones y a la ciudadanía a través del diálogo y la deliberación. Su fundamento reside en la convicción de que aquellos que estén afectados por una decisión tienen derecho a participar en el proceso de conformación de esta y que sus contribuciones deben tener cierta influencia en la toma de decisiones públicas (Rubio, Valle e Ibarz, 2023). Para que sea efectiva, debe tener una incidencia real en la búsqueda de soluciones compartidas y debe ser tenida en cuenta en los procesos de decisión.

Generar espacios de deliberación y participación, no obstante, no está exento de dificultades. Por un lado, existen limitaciones políticas de carácter tanto estructural como coyuntural. Algunos ejemplos son la sujeción del Congreso a los partidos mayoritarios, la falta de transparencia y rendición de cuentas, la falta de interés de los responsables públicos en los procesos de participación, la eventual ausencia de procedimientos para garantizar la participación en la toma de decisiones públicas, la carencia de instrumentos efectivos para su desarrollo o la banalización del proceso a través de una participación superficial. Estas condiciones pueden provocar que la ciudadanía opte por el activismo y que esto sea rechazado por las autoridades al considerar que busca ejercer un "poder ilegítimo" (Habermas, 1998:407).

Asimismo, la creciente desafección política genera nuevos obstáculos para la participación ciudadana. La apatía hacia los líderes e instituciones genera una falta de compromiso de los ciudadanos con las cuestiones de índole pública. Además, García Canclini (1995) señala que la economía de mercado ha contribuido a que las personas confíen más en su poder financiero individual que en su condición política dentro de un Estado Derecho democrático. Este planteamiento va en consonancia con lo expresado por Touraine (2013), quien apuntó a la dominación de la economía sobre el resto de las esferas sociales; o el de Habermas (1998), quien señaló que el sistema de racionalidad de la economía se había extendido de forma ilegítima más allá de su propio campo, llegando a la esfera pública.

La desafección política y la fuerza de la lógica de mercado provocan carencias deliberativas y la indolencia de los ciudadanos privados frente a los problemas sociales. No obstante, frente a estos problemas, los medios digitales aparecen como un instrumento útil para favorecer y mejorar la calidad de la participación. En este sentido, contribuyen a democratizar el acceso a la información política, permitiendo que la ciudadanía tenga mayor conocimiento sobre los asuntos políticos y puedan participar de manera más activa en los procesos públicos. Las TIC permiten la codificación y transmisión de información de forma inmediata a un gran número de destinatarios a la par que agilizan los procesos administrativos.

Pero, además, las plataformas digitales brindan a la ciudadanía espacios en los que expresar sus opiniones, conectarse con otros ciudadanos y organizaciones, y movilizarse en torno a causas políticas. Y en estos procesos participativos, los medios digitales permiten la introducción de técnicas en las distintas fases que facilitan optimizar los canales de información y comunicación, logrando incrementar la sencillez, inmediatez y efectividad.

Como señala García Guitián (2016), las TIC presentan, al menos, tres oportunidades. En primer lugar, facilitan la transparencia al convertirse en canales mediante los cuales los gobiernos pueden proporcionar información y hacer más visibles los procesos de toma de decisiones. Ello se consigue, en parte, por su capacidad para abaratar costes y permitir la acumulación y accesibilidad de información. Desde la perspectiva de la teoría democrática, esto contribuye a mejorar la gestión pública, permite la rendición de cuentas e incrementa la confianza en las instituciones.

En segundo lugar, favorecen la apertura de las instituciones. Mediante fórmulas de gobierno abierto, se persigue incrementar la receptividad de los gobiernos a las demandas de información y servicios por parte de los ciudadanos. Con ello, no solo se consigue obtener información a través de diferentes métodos de consulta, sino que permite la interacción con los ciudadanos y proporcionar respuestas. Por último, facilitan la implicación de la ciudadanía en los procesos de toma de decisiones al permitir la interacción entre las instituciones y los miembros de la sociedad.

En síntesis, pese a los desafíos asociados a su implementación, la transformación digital genera oportunidades para las entidades gubernamentales al reducir potencialmente las limitaciones de información que afectan al funcionamiento de las instituciones y el desarrollo de políticas, mejorar el diseño de las políticas públicas, optimizar la producción de servicios públicos y promocionar la transparencia y la rendición de cuentas.

III. EL PAPEL DE LAS TIC EN LA DEMOCRACIA: UNA APROXIMACIÓN GENERAL

Los debates sobre la introducción de las TIC en política parten del reconocimiento de carencias y limitaciones en la organización institucional democrática (García Guitián, 2016). Detrás de las propuestas sobre el uso de nuevas tecnologías en la política existe un diagnóstico de crisis de la representación derivado de las tensiones producidas por las transformaciones generadas por los cambios sociales, económicos y políticos derivados de la globalización y la innovación tecnológica.

Por tanto, para entender mejor las implicaciones, oportunidades y desafíos que las TIC suponen para la participación ciudadana, resulta pertinente tomar como punto de partida las visiones normativas de la democracia que las condiciona. Y es que tras las diferentes lecturas que pueden realizarse sobre la repercusión de las TIC subyace una visión más amplia que las vincula con aspectos sustantivos la democracia.

En este sentido, la democracia no puede medirse o evaluarse únicamente en términos de resultados, sino que implica un proceso con diferentes secuencias: información, discusión y decisión (Vedel, 2006). Esta aproximación permite situar a las TIC como un instrumento para reforzar la legitimidad del proceso. Esta legitimidad se puede incrementar, por un lado, al generar oportunidades para preservar y mejorar las instituciones democráticas, maximizando y gestionando una participación ordenada. Por otro lado, dando espacio a voces tradicionalmente excluidas y contribuir al debate sobre el funcionamiento de las instituciones existentes (Blaug, 2002).

De este modo, las TIC contribuyen a reestructurar los sistemas políticos, pudiendo incluso transitar hacia nuevos modelos de democracia. En función del enfoque adoptado, la utilización de las TIC puede cumplir diferentes funciones dentro de la democracia (Subirats, 2002). Por ejemplo, el enfoque consumerista, con un bajo grado de innovación democrática, se centra en la gestión de las políticas públicas y entienden las TIC en un elemento facilitador de la eficacia y la eficiencia de las instituciones, concibiendo a los ciudadanos como consumidores de servicios públicos. Desde la visión demoelitista, las TIC facilitan el acceso a la información y la apertura de los canales de participación, con un grado de innovación democrática bajo, sin alterar la lógica representativa que otorga la decisión final a las instituciones. La visión pluralista, con un alto grado de innovación democrática, las TIC se conciben como instrumentos para generar procesos de decisión compartida, haciendo emerger nuevas formas de autonomía civil y de relación política. Por último, los enfoques basados en la democracia directa conciben a las TIC como un mecanismo para permitir la comunicación de un gran número de ciudadanos sin límites de espacio o de tiempo.

Los diferentes usos de las TIC permiten aproximarse, en mayor o menor medida, a la esfera pública como un ámbito más participado en el que la ciudadanía puede ejercer un rol más activo. Así, implican avanzar hacia nuevas formas de e-democracia que redefinen el concepto de ciudadanía y la forma de entender las responsabilidades colectivas, transitando de un modelo representativo a otro más participativo. La digitalización amplifica las opciones de los ciudadanos para involucrarse en política, incrementando al mismo tiempo el intercambio de información y el conocimiento y suponiendo una revolución en las intercomunicaciones humanas (Colombo, 2006). Las TIC, por tanto, pueden contribuir potencialmente a transformar la forma de hacer política, acortando la distancia entre representantes y representados, e incrementando la transparencia y el posible control de los ciudadanos sobre las instituciones públicas.

1. Implicaciones del uso de las TIC en la participación ciudadana

Dentro de la discusión sobre democracia y TIC, la cuestión de la participación ciudadana ocupa un espacio central. Así, el diseño de nuevas formas de involucrar a los ciudadanos en la toma de decisiones, aprovechando las oportunidades que generan las herramientas digitales, trata de contrarrestar la crisis de legitimidad que afecta a las democracias desarrolladas, expresada en sentimientos de confianza y distanciamiento hacia la élite política (Mair, 2005; Merkel, 2014)

Gran parte de estas emociones negativas derivan de la creciente asimetría entre los problemas que afectan a los ciudadanos y las capacidades con las que cuentan las instituciones (Fuster y Subirats, 2012). Por un lado, la crisis del Estado de Bienestar ha puesto de manifiesto las limitaciones del sistema para hacer frente a las necesidades de la población. Por otro, la celeridad de los cambios modifica constantemente la relación entre la sociedad y los poderes públicos. Así, tanto los cambios en la esfera productiva, laboral y familiar como la mayor heterogeneidad social han alterado las bases sobre las que se asentó el sistema de políticas públicas en los Estados de Bienestar europeos. Se produce así una brecha entre las demandas cada vez más personalizadoras de la sociedad y un sistema de políticas públicas pensado desde lógicas homogéneas, que deriva en una mayor conflictividad social y un deterioro de las capacidades de legitimación de los sistemas políticos.

Todo esto pone en cuestión el modelo de democracia representativa, situando a líderes y partidos como actores incapaces de abordar los principales problemas de la ciudadanía y agregar sus demandas. Al dejar de sentirse representados, los ciudadanos hacen entrar en crisis el modelo de representación como autorización (Pitkin, 1967) y ponen en evidencia la quiebra del sistema de rendición de cuentas. La política institucional pasa a entenderse como una realidad alejada de las verdaderas demandas de la ciudadanía, basada en relaciones jerárquicas y unidireccionales que se aleja de ciudadanos cada vez más informados y competentes.

La participación ciudadana pasa a erigirse como la voz de la sociedad frente a intereses sesgados, corrupción estatal y sistemas políticos autorreferenciales (Ruzza, 2014). Esta narrativa adquiere una nueva dimensión al introducir en la ecuación a las TIC, las cuales son capaces de articular un sistema relacional de redes policéntrico y de carácter dinámico (van Dijk, 2000). Proporcionan, como señala Keen (2010), una imagen emancipatoria para renovar la democracia y acabar con muchos de sus problemas a partir de un imaginario de pertenencia y acción global.

A través de las TIC se generan mecanismos que permiten una colaboración y participación ciudadana más fluida, transitando del viejo modelo de democracia hacia uno de democracia conversacional abierta (Calderón y Lorenzo, 2010; Franciskovic, Hamann y Miralles, 2020). Pero, lo más importante, contribuyen a facilitar nuevos equilibrios entre la capacidad del Estado y la legitimidad democrática para paliar la creciente asimetría entre el origen y tipos de problema de los ciudadanos y los recursos de los Estados para hacerles frente.

La participación a través de medios digitales puede ir desde la interacción en línea con otras personas a la expresión de opiniones, pasando por votaciones telemáticas o la participación en la formulación de políticas públicas. Además, permite el acceso a documentos públicos en línea, la transmisión en vivo a sesiones legislativas o el acceso a informes de investigaciones gubernamentales. Con la digitalización de la información y los procesos, se produce un acceso más fácil a la información gubernamental, ayudando a mantener gobiernos responsables y reducir la corrupción.

Conscientes de las potencialidades de las TIC, las organizaciones e instituciones públicas han comenzado a colonizar los espacios digitales. Así, la batalla por las propuestas y los relatos ya no se lleva a cabo únicamente a través de los canales tradicionales de comunicación, sino también mediante las plataformas digitales. Estas actúan, en definitiva, como foros de deliberación colectiva, de generación de opinión pública y de posicionamiento estratégico (Bradshaw y Howard, 2017).

IV. CARACTERÍSTICAS Y ESTRATEGIAS PARA LA PARTICIPACIÓN CIUDADANA EN MEDIOS DIGITALES

El desarrollo de las TIC ha implicado un proceso largo y complejo de transformación de las administraciones, las cuales no solo se han servido de los medios digitales para llegar a los ciudadanos, sino que también las han aprovechado para que éstos sean escuchados y pueden tener injerencia en la vida pública participando a través de ellas (Petrizzo, 2005).

La introducción de las TIC, no obstante, requiere de una estrategia gradual por parte de los entes públicos. Por lo general, esta se inicia con una fase informativa de presencia de la institución en medios electrónicos. En una segunda fase, se generan mecanismos para la interacción con el ciudadano, tales como buzones de sugerencias, foros de discusión y comunidades temáticas. En una tercera fase pueden introducirse herramientas para llevar a cabo transacciones electrónicas, como módulos de pagos de impuestos o de solicitud de documentos oficiales. Por último, la administración electrónica se alcanza cuando las herramientas introducidas en las fases anteriores desembocan en una transformación efectiva del funcionamiento de la administración y de sus formas de interacción con la ciudadanía.

De este modo, la introducción de las TIC enlaza tres dimensiones: una horizontal que tiene que ver con el alcance de la estrategia, otra vertical relacionada con su profundidad y una tercera, de carácter relacional, que se corresponde con la forma en que la estrategia se articula gracias a la participación ciudadana y se convierte en un elemento tangible de activismo ciudadano. Con ello, se produce un desplazamiento en los roles ejercidos en la construcción social, abandonando el monopolio de la esfera gubernamental para dotar de mayor protagonismo a la ciudadanía. La idea de democracia participativa, por tanto, pasa a entenderse como la intervención de los ciudadanos en la gestión pública, ya no sólo a través de su voto u opinión, sino de forma directa mediante su participación en asociaciones, consejos, asambleas o consultas. Con ello, los ciudadanos pasan a tener u control mucho más activo sobre los procesos de toma de decisiones y la ejecución de estas.

Ahora bien, la incorporación de las TIC en la Administración Pública no debe ser una medida aislada, sino que tiene que ir ligada al desarrollo de estrategias para transformar los procedimientos, empoderar a los ciudadanos en los espacios de toma de decisiones y generar insumos para los entes públicos. Así, por ejemplo, las listas de distribución electrónica, los foros virtuales o las comunidades temáticas son herramientas útiles para que los ciudadanos ejerzan su ciudadanía a la par que las administraciones desarrollan un papel mucho más relacional. Por otra parte, las taquillas únicas y la automatización de los procesos también contribuyen a que los ciudadanos conozcan la administración y cuenten con información para poder ejercer sus deberes y responsabilidades como miembros de la comunidad política a la que pertenecen (Petrizzo, 2005)

El desarrollo de estrategias integrales que combinen el uso de TIC con la reforma de procesos contribuye a construir una ciudadanía que actúe como catalizador de procesos sociales, haciéndole consciente de los problemas que les afecten y ejercitándole en la traducción de éstos en necesidades susceptibles de ser objetivadas y solventadas a través de decisiones públicas. Así, fomentar la participación requiere hacer conscientes a los ciudadanos de su pertenencia a una comunidad y convertirles en responsables de su funcionamiento. Sólo así sentirán deseos de apropiarse de los espacios de decisión pública que las democracias ofrecen y que, por naturaleza, les pertenecen.

En paralelo al trabajo realizado con la ciudadanía, es necesario fomentar en los funcionarios públicos la necesidad de incentivar la participación pública y hacerles conscientes de las oportunidades que los entornos digitales ofrecen para este fin. Para ello, los trabajadores públicos deben sentirse parte de un entorno al servicio de la comunidad y aceptar la participación más activa de los ciudadanos en espacios tradicionalmente reservados para su cargo. Por tanto, el ejercicio activo de la ciudadanía debe ir de la mano de un cambio del paradigma del funcionario público, contribuyendo a la construcción de una administración relacional.

Asimismo, deben desarrollarse estrategias de capacitación para los ciudadanos, no solo en lo que se refiere al uso de las TIC sino también en el conocimiento de su entorno institucional. En este sentido, para poder participar activamente en las decisiones públicas es preciso saber cómo hacerlo, con qué mecanismos y dentro de qué marco legal. Por tanto, las políticas de divulgación son fundamentales para el fomento de la participación ciudadana a través de los medios digitales. Junto a esto, también resulta beneficioso el fomento del trabajo mancomunado de los ciudadanos ya organizados y los entes públicos. Esto facilita una constante construcción y transformación de redes sociales de producción, generación de conocimiento y desarrollo de espacios de planificación, decisión y control de acciones públicas.

V. MITOS Y REALIDADES SOBRE EL IMPACTO DE LAS TIC EN LA PARTICIPACIÓN CIUDADANA

Tal como ya se ha señalado, las TIC han sido consideradas tanto por las administraciones como por la literatura especializada como herramientas útiles para favorecer la participación ciudadana en contextos de creciente descontento y desafección política. No obstante, como apunta García Guitián (2016), los análisis que buscan medir el alcance de su impacto presentan resultados variados. Pese a que, desde la perspectiva de las actitudes o patrones de comportamiento de los ciudadanos, sí parece confirmarse que los medios digitales han tenido un efecto clave tanto en la expansión de nuevos mecanismos de participación político como en el aumento del compromiso político (Anduiza et al., 2012), existen diferencias entre los grados y espacios de participación.

Con los nuevos usos de las TIC se supera la opción binaria de participar o no (Bimber, Flanagin y Stohl, 2005), generando asimetrías en los grados de participación. Asimismo, existen diferentes formas de conexión política y no todos los ciudadanos utilizan las TIC de la misma forma. Por último, también se identifican diferencias en los espacios digitales en los que es posible participar. La identificación de estas variaciones en las formas, espacios y grados de participación han provocado que diferentes autores hayan subrayado la necesidad de diferenciar con mayor precisión el impacto de las tecnologías digitales en la ciudadanía.

Distintas investigaciones evidencian que el uso de las nuevas tecnologías de la información presenta variaciones con relación a su impacto sobre la participación política. Por un lado, existen diferencias significativas en función del género, la edad, el nivel de educación o la situación económica de los ciudadanos. Pero, además, persisten enormes variaciones en los niveles de participación entre los individuos ya politizados y los que usan los medios digitales solo para obtener información (Gil de Zuñiga et al. 2020). Asimismo, existen distintos patrones de participación: mientras que algunos ciudadanos optan por canales institucionales, otros optan por formas de activismo no convencional (Enikolopov et al, 2020)

Una incipiente rama de la literatura aborda cómo la participación política digital está relacionada con el comportamiento político *offline*. Sin embargo, los resultados no son concluyentes: mientras que algunos trabajos evidencian que las personas activas en las plataformas digitales también lo son fuera de la red, (Vaccari y Valeriani, 2021), otras investigaciones adoptan un enfoque más escéptico sobre el potencial de los medios digitales para influir en la participación (Theocharis y Lowe, 2016).

Neuman, Bimber y Hindman (2011) diferencian cuatro ámbitos sobre los que las TIC pueden tener impacto: la deliberación ciudadana, la participación en la vida política, el conocimiento de los ciudadanos y la movilización ciudadana. En su estudio, los autores concluyen que las TIC producen cambios positivos en la deliberación, pero no tienen clara cuál va a ser la evolución en términos de participación. Con relación a la adquisición de conocimiento, identifican grandes diferencias en su repercusión ya que la digitalización afecta de manera muy diferente en función del perfil de los ciudadanos. Por último, señalan que las TIC sí que parecen favorecer la movilización y la capacidad de organización en todos los niveles.

Con una visión más general del impacto de las tecnologías de la información, Fung, Gilman y Shkabatur (2013) llevaron a cabo un estudio en el que agruparon las formas de participación ciudadana que se insertan en los diferentes ámbitos que conforman el sistema político, tomando en cuenta las relaciones que se establecen entre ciudadanos y organizaciones, así como la manera en que estos interactúan con las instituciones. En este contexto, se apuntan a tres tipos de relaciones: las de los individuos con partidos y grupos de interés, las que se producen en la esfera pública, y las que afectan a las instituciones al transformarse en decisiones o actuaciones políticas. Su trabajo destaca que la evaluación de los efectos de las TIC en el desarrollo de procesos participativos debe medirse por su repercusión en el funcionamiento e interacción de todos los elementos del sistema, tomando en cuenta los equilibrios existentes entre las diferentes exigencias que contribuyen a fundamentar su legitimidad.

Desde esta perspectiva, se identifican diferentes ámbitos de impacto de las TIC. En primer lugar, señala que favorecen la consolidación de una esfera pública ampliada y empoderada, al extenderse a más sectores de la ciudadanía, contribuir a mejorar la información disponible y facilitar su participación en su creación. En segundo lugar, facilitan y reducen los costes de la organización ciudadana, favoreciendo formas de participación directa sin necesidad de la intervención de organizaciones tradicionales de tipo jerárquico. En tercer lugar, impulsan la democracia directa digital, generando espacios para la inclusión de las personas en la toma de decisiones, prescindiendo de organizaciones intermedias y medios de comunicación. En cuarto lugar, sirven de apoyo a grupos promotores de causas al generar confianza ciudadana y proporcionar información. En quinto lugar, las TIC facilitan que tanto los activistas como os miembros de organizaciones y partidos movilicen a sus militantes y a los ciudadanos en general. Por último, colaboran en la supervisión social al involucrar a los ciudadanos en la resolución de problemas.

No obstante, como señala García Guitián (2016), aunque las TIC inciden sobre muchos de los elementos señalados, las experiencias reales rebajan las expectativas de partida. Las tecnologías de la información han producido efectos contrarios, por lo que es necesario ser ponderados al evaluar su repercusión real. Así, por ejemplo, las TIC ayudan a conformar contradiscursos (Dahlberg, 2007), pero al mismo tiempo reproducen las asimetrías de poder sin convertir la esfera pública en un espacio más igualitario (Hindman, 2009). En este sentido, cabe hacer también mención a las asimetrías en el acceso a recursos: la disponibilidad de internet, el acceso y el uso de las TIC se han convertido en factores diferenciales que inciden en nuevas dinámicas de exclusión, exacerbando condiciones estructurales entre diversos grupos poblacionales (Robinson et al., 2020)

Keen (2010) señala otra de las consecuencias negativas de la digitalización: desaparece la audiencia, al convertir a todo el mundo en autor, y la esfera pública adquiere ciertas connotaciones propias del mercado. En una línea similar, Han (2022) advierte que el uso de las TIC produce un desplazamiento de la "racionalidad comunicativa" a la "racionalidad digital", de modo que las expectativas de un mundo mejor apoyado en la tecnología derivan en un empobrecimiento de la razón y de la calidad de la propia comunicación. Como consecuencia, fluye más información, pero en muchas ocasiones esta carece de sentido social y se nutre preferentemente de intereses comerciales o económicos.

También desde una perspectiva crítica, Chadwick (2009) apunta a que los medios digitales son incapaces de garantizar las exigentes condiciones procedimentales para la deliberación. Así, si bien se constituyen como foros de expresión de intereses y vigilancia de la acción de gobierno, al mismo tiempo se conforman como espacios en los que florecen sin control prácticas antidemocráticas (Jensen, 2020).

Por último, Margetts (2009) señala que los ciudadanos participan poco en las consultas en línea y que, además, existe rechazo a incorporarlas en las rutinas de los actores políticos.

VI. LOS RETOS DE LA TRANSFORMACIÓN DIGITAL EN TÉRMINOS DE PARTICIPACIÓN

La transformación digital es uno de los principales retos que afronta la Administración Pública. Así, constituye uno de los principales ejes transformadores en la relación entre los entes públicos y la ciudadanía. Para poder hacer frente a este reto, en primer lugar, es necesario abordar los desafíos normativos a los que deben dar respuesta las administraciones a la hora de digitalizar sus servicios y canales de participación. Así, por ejemplo, la protección de datos, en su interpretación más restrictiva, dificultan la implementación de nuevos servicios digitales. Dado que las administraciones manejan grandes volúmenes de datos, es importante que se les dote de un tratamiento eficiente, seguro y ético. Por tanto, es fundamental incorporar mecanismos de seguridad adaptativos que faciliten una respuesta rápida frente a incidencias de distinta naturaleza.

Pero, además, es necesario elaborar políticas orientadas a la gobernanza digital. Existen necesidades no sólo en términos de desarrollo de marcos legales, sino también en lo concerniente a los instrumentos estatales que garanticen su eficacia. Esto es, desarrollando un aparato estatal con conocimientos probados y con funcionarios capacitados en todos los niveles para la implementación y observancia de la gobernanza global.

Esta implementación presenta, a su vez, desafíos a la hora de transmitir a los ciudadanos información que les permita comprender tanto la lógica de procesos deliberativos como los fundamentos de las cuestiones que se someten a debate y discusión. Así, el éxito de los procesos participativos depende en gran medida de la existencia de una ciudadanía informada y responsable, evitando convertir las dinámicas de consulta y deliberación en meras acumulaciones de opiniones sin fundamento (Rubio, Valle e Ibarz, 2023). Para ello, es esencial propiciar procesos de socialización política e instar a la población a desarrollar una mirada crítica sobre los procesos sociales y políticos, así como a ejercer un papel más activo en su transformación.

Todo esto requiere, a su vez, un incremento en la inversión pública para estrategias de digitalización. En este sentido, se requiere invertir en formación de los trabajadores públicos, perfeccionar los mecanismos de consulta de expedientes, notificación y gestión de citas, o llevar a cabo pedagogía de la participación. Asimismo, todavía hacen falta esfuerzos en la centralización de la gestión de estos recursos, así como en la oferta de servicios avanzados, especialmente en áreas rurales.

Por otra parte, además de promover su propia digitalización, los Gobiernos deben hacer frente a las brechas digitales existentes entre grupos, regiones y empresas de un mismo país y respaldar la adopción de tecnologías digitales por las empresas (De Mello y Ter-Minassian, 2020). Estas brechas responden a distintas naturalezas. Por un lado, están las concernientes a las diferencias en el acceso a la tecnología e infraestructuras digitales. Por otro, las relativas a las disparidades en habilidades y conocimientos para usar eficazmente las TIC.

Otro aspecto importante a la hora de avanzar en la digitalización de la participación es la colaboración público-privada. Esto puede facilitar la creación de servicios más ágiles, personalizados y accesibles, mejorando los canales de interacción entre los ciudadanos y la Administración Pública. A este respecto, es prioritario avanzar en el rediseño de los mecanismos de interacción con un enfoque centrado en las personas. Esto implica reducir los trámites innecesarios, facilitar el uso de las herramientas digitales y garantizar que tanto los canales como los mecanismos de participación sean claros, ágiles y adaptados a las necesidades de los ciudadanos.

Por último, también es importante crear una identidad digital única que unifique la interacción con las Administraciones Públicas, evitando la fragmentación y facilitando la experiencia para los usuarios/ciudadanos.

VII. CONCLUSIONES

El desarrollo de las TIC abre la puerta a nuevas formas de relación entre la ciudadanía y las Administraciones públicas, fomentando mayor transparencia y habilitando nuevos canales para la deliberación y discusión pública. Se convierten así en herramientas útiles para modernizar la gestión pública y profundizar en la formación de una ciudadanía informada y crítica, incrementando la apertura de la información, el aumento de la transparencia y la colaboración ciudadana en los asuntos públicos.

En este sentido, la gestión de los medios digitales se ha vuelto esencial en el contexto de la sociedad de la información, abriendo nuevos diálogos sobre el poder y la gobernanza (Singer y Merlin, 2024). Estas transformaciones afectan a las relaciones sociales, políticas, económicas y culturales, reconfigurando los modelos de interacción entre ciudadanos e instituciones.

Como consecuencia de ello, en las últimas décadas las administraciones han implementado iniciativas y programas para fomentar la implicación ciudadana en la toma de decisiones públicas. Así, estas políticas no solo persiguen reducir la distancia entre representantes y representados y reforzar vínculos con la sociedad, sino que también contribuyen a legitimar lo público y fortalecer la calidad de la democracia.

Los medios digitales se han posicionado como herramientas útiles para facilitar el interés y participación ciudadana, convirtiéndose en instrumentos fundamentales para la mejora e innovación de la Administración Pública y promoviendo la creación de nuevos espacios para la participación activa y el empoderamiento ciudadano. Permiten responder a necesidades reales, captando el dinamismo de las sociedades actuales, y ofrecer respuestas concretas que los ciudadanos pueden entender, comparar y evaluar.

Ahora bien, junto con las oportunidades que ofrecen las TIC en términos de participación, existen también algunas limitaciones y retos que deben ser tomados en cuenta. Algunas de ellas son que reproducen las asimetrías de poder dentro del espacio público o las dificultades que conlleva garantizar las condiciones procedimentales para la deliberación en entornos digitales. De este modo, los medios digitales amplifican las tensiones que se dan en la comunidad política y pueden contribuir a generar islas de comunidades que reproducen los patrones de fragmentación y polarización presentes en la sociedad.

Por último, no cabe olvidar los retos que implica la digitalización de la Administración Pública. Así, reducir la brecha digital, incrementar la inversión y fomentar la colaboración público-privada son solo algunas de las medidas a tomar en cuenta para incrementar la eficacia de las TIC con relación a la participación ciudadana. En definitiva, los entes públicos deben profundizar en estrategias que incrementen y garanticen las posibilidades de participación ciudadana en medios digitales a la vez que deben realizar un esfuerzo en términos de pedagogía y usabilidad.

VIII. REFERENCIAS BIBLIOGRÁFICAS

Aguirre, J. F. (2013). "Nuevos alcances de la participación ciudadana a través de las redes sociales". *Culturales*, *1*(2), 119-150.

Bang, H. P. y Dyrberg, T. B. (2003). "Governance, self-representation and democratic imagination". En *Democratic innovation.* Londres: Routledge, 160-172.

Beck, U. (1989). "On the way to the industrial risk-society? Outline of an argument". *Thesis Eleven, 23*(1), 86-103.

Bermúdez Soto, J. y Mirosevic Verdugo, C. (2008). "El acceso a la información pública como base para el control social y la protección del patrimonio público". *Revista de derecho (Valparaíso),* (31), 439-468.

Bimber, B.; Flanagin, A. y Stohl, C. (2005). "Reconceptualizing collective action in the contemporary media environment". *Communication Theory. International Communication Association,* 365-388.

Blaug, R. (2002). "Engineering Democracy". *Political Studies,* (50), 102-116. http://dx.doi.org/10.1111/1467-9248.00361. Recuperado el 18 de enero de 2025.

Bradshaw, S. y Howard, P. (2017). "Troops, trolls and troublemakers: a global inventory of organized social media and manipulation". *Computational propaganda research project.*

Calderón, C. y Lorenzo, S. (2010). *Open Government: Gobierno Abierto.* Jaén: Algón Editores.

Castells, M. (2001). *La era de la información. Economía, sociedad y cultura. El poder de la identidad.* México: Siglo XXI Editores.

Chadwick, A. (2009). "Web 2.0: New Challenges for the Study of E-Democracy in an Era of Informational Exuberance". *I/S: A Journal of Law and Policy for the Information Society,* 5 (1), 9-41.

Colombo, C. (2006). "Innovación democrática y TIC,¿hacia una democracia participativa?". *IDP. Revista de Internet, Derecho y Política,* (3), 28-40.

Dahlberg, L. (2007). "The Internet, Deliberative Democracy and Power: Radicalizing the Public Sphere". *Internet Journal of Media and Cultural Politics,* 3 (1), 47-64.

De Mello, L. y Ter-Minassian, T. (2020). "Digit alisation challenges and opportunities for subnational governments". *OECD Working Papers.*

Enikolopov, R.; Makarin, A. y Petrova, M. (2020). "Social media and protest participation: evidence from Russia". *Econometrica,* 88(4), 1479-1514.

Franciskovic, J., Hamann, A., & Miralles, F. (2020). "Las TIC, una oportunidad de participación ciudadana en los gobiernos subnacionales". *Revista republicana,* (29), 21-46.

Fung, A., Gilman, H. G. y Shkabatur, J. (2013). "Six Models for the Internet and Politics". *International Studies Review,* (15), 30-47.

Fuster, M. y Subirats, J. (2012). "Crisis de representación y de participación ¿Son las comunidades virtuales nuevas formas de agregación y participación ciudadana?". *Arbor, 188*(756), 641-656.

García Canclini, N. (1995). *Consumidores y ciudadanos. Conflictos multiculturales de la globalización.* México: Grijalbo.

García Guitián, E. (2016). "Democracia digital. Discursos sobre participación ciudadana y TIC". *Revista de estudios políticos,* (173), 169-193.

Gil de Zuñiga, H.; Koc Michalska, K.; y Römmele, A. (2020). "Populism in the era of Twitter: how social media contextualized new insights into an old phenomenon". *New Media & Society,* 22 (4), 585-594.

Habermas, J. (1998). *On the pragmatics of communication.* Chicago: MIT Press.

Han, B. (2022). *Infocracia. La digitalización y la crisis de la democracia.* Madrid: Taurus.

Hanschitz. G. (2017). *Digitalization of politics and elections. Handboook of Cyber-development, cyber-democracy and cyber-defense.* Berlín: Springer.

Hindman, M. (2009). *The Myth of Digital Democracy.* New Jersey: Princeton University Press.

Jensen, J.L. (2020). "Conclusion: the return of the medieval?". *The medieval internet: power, politics and participation in the digital age.* Bingley: Emerald Publishing Limited, 125-128.

Keen, A. (2010). "Why We Must Resist the Temptation of Web 2.0". En: Szoka, B. y Marcus, A. (eds.). *The Next Digital Decade. Essays on the Future of the Internet.* Washington D.C.: TechFreedom.

Ladrón de Guevara Muñoz, L. (2023). "La comunicación pública como herramienta estratégica para el desarrollo local". *Revista Iberoamericana de Gobierno local,* (23), 1-22.

Mair, P. (2005). "Democracy Beyond Parties". *Center for the Study of Democracy.* California: University of California.

Margetts, H. (2009). "Public Management Change and e-Government: The Emergence of Digital-era Governance". En: Chadwick, A. y Howard, N. (eds.). *The Routledge Handbook of Internet Politics.* Londres: Routledge.

Merkel, W. (2014). "Is there a crisis of democracy?". *Democratic Theory,* 1 (2), 11-25.

Neuman, W R., Bimber, B. y Hindman, M (2011). "The Internet and Four Dimensions of Citizenship". En Jacobs, L.R. y Shapiro, R.Y. (eds). *The Oxford Handbook of American Public Opinion and The Media.* Oxford: Oxford University Press.

Nicolás, M. M., Tucho, F. y de Madariaga, J. M. G. (2005). "Democracia digital: nuevos medios y participación ciudadana. Experiencias en la red de la población inmigrante en España". *Portularia,* (2), 21-34.

Petrizzo Páez, M. (2005). "Participación ciudadana y tecnologías de la información y la comunicación: hacia una administración pública relacional". *Nueva Sociedad,* (195), 88-101.

Pitkin, H. (1967). *The Concept of Representation.* Berkeley, California: University of California Press.

Przeworski, A. (1998). "The State and the citizen". En *International Seminar on Society and the Reform of the State,* Sao Paulo, Brazil.

Robinson, L.; Schulz, J.; Khilmani, A.; Ono, H.; Cotton, S.R.; y Tolentino; N.; ... (2020). "Digital inequalities in time of pandemic: COVID-19 exposure risk profiles and new forms of vulnerability". *First Monday,* 25 (10).

Rubio, R., Valle, R. e Ibarz, A. (2023). *Guía didáctica para fomentar la participación ciudadana a través de medios digitales y redes sociales de la AGE.* Ministerio de Hacienda y Función Pública. https://www.hazlab.es/system/files/2023-11/GUIA%20DIDACTICA%20PARTICIPACION_MEDIOS%20DIGITALES_final.pdf. Recuperado el 18 de enero de 2025.

Ruzza, C. (2014). "The Idceology of the New Public Management, Associational Representation and the Global Financial Crisis". *The Open Journal of Sociopolitical Studies,* 7 (3), 490-508.

Sanhueza, A. (2004). "Participación ciudadana en la gestión pública". *Santiago de Chile: Corporación Participa.*

Singer, M. y Merlin, R. (2024). "Digitalización de la política: hacia una gobernanza democrática global". En: Barragán, M. y Cossarini, P. (eds). *Democracia digital y emocional. Perspectivas desde América Latina.* Valencia: Tirant lo Blanch.

Subirats, J. (2002). "Los dilemas de una relación inevitable. Innovación democrática y tecnologías de la información y de la comunicación". *Democracia digital. Límites y oportunidades,* 89-113.

Theocharis, Y. y Lowe, W. (2016). "Does Facebook increase political participation? Evidence from a field experiment". *Information, communication & society,* 19 (10), 1465-1486.

Torcal, M., Montero, J. R., Gunther, R. y de Luis Ramiro, T. (2003). "Ciudadanos y partidos en el sur de Europa: los sentimientos antipartidistas". *Reis,* 9-48.

Touraine, A. (2013). *La fin des sociétés.* Paris: Média Diffusion.

Vaccari, C. y Valeriani, A. (2021). *Outside the bubble: social media and political participation in Western democracies.* Oxford: Oxford University Press.

Van Dijk, J. (2000). "Models of democracy and concepts of communication". *Digital democracy: Issues of theory and practice,* (54), 69.

Vedel, T. (2006). "The Idea of Electronic Democracy: Origins, Visions and Questions". *Parliamentary Affairs,* 59 (2), 226-235.

Participación ciudadana en la esfera digital: desafíos y oportunidades para la Administración Pública

ANA IBARZ MORET
Periodista. Doctoranda en Derecho
Universidad Complutense de Madrid

I. INTRODUCCIÓN

A consecuencia de la crisis del sistema político, la falta de confianza hacia lo público, la demanda de mayor espacio público para la voz ciudadana y el desarrollo de las tecnologías sociales, en los últimos años hemos visto cómo ha ido proliferando el interés por la participación ciudadana —y especialmente por la participación ciudadana digital— no solo en los debates académicos, sino también en la práctica política por facilitar a la ciudadanía nuevas formar de involucrarse en el diseño de sus comunidades y en el control de sus gobernantes.

En este sentido, es un hecho que la digitalización se ha introducido en la agenda de los Estados democráticos, generando una nutrida serie de desafíos para los gobiernos y las Administraciones públicas, como son la propia adaptación de los poderes públicos al entorno digital o la promoción de la participación y el compromiso con la ciudadanía con el objetivo de reducir el *gap* existente entre gobernantes y gobernados.

Es cierto que cada vez son más las Administraciones públicas que apuestan por medios y plataformas digitales con el objetivo de configurar políticas públicas en las que la ciudadanía sea partícipe de su definición y ejecución. Así, el uso de medios digitales puede contribuir a mejorar los procesos participativos, tanto en términos cualitativos —por ejemplo, a través de una mayor transparencia de la información, apertura de los datos o trazabilidad— como cuantitativos —facilitando el acceso a un público masivo—.

Sin embargo, aspirar a una democracia participativa, donde la participación se extienda a aspectos del proceso de decisiones más allá del voto (Wessels, 2018), y donde se aprovechen las posibilidades que ofrecen los medios digitales para desempeñar un papel activo en los asuntos públicos, representa grandes retos frente a la tendencia global de desafección ciudadana, especialmente entre las nuevas generaciones (Maltos et.al, 2021; Infante et al., 2019; Lannegrand-Willems et al., 2018; Torcal y Montero, 2006).

En las siguientes páginas buscamos responder a diversas preguntas sobre la participación ciudadana digital. Primero, abordamos qué es la participación ciudadana y, en concreto, la participación ciudadana digital en el contexto del Gobierno Abierto. En este sentido, Darbishire y González (2021) señalan que la aceptación de la participación por parte de los gobiernos ha evolucionado junto con la instauración de valores democráticos, pasando de reuniones con activistas que exigían derechos a diseñar procesos de participación formales y crear plataformas que unen a la sociedad civil y los gobiernos para co-crear políticas públicas.

También se reflexiona sobre qué no se considera participación ciudadana digital, las barreras que enfrenta este modelo, y las ventajas de los medios digitales en los procesos participativos. Finalmente, se identifican oportunidades, retos y desafíos para las Administraciones públicas, gobernantes y sociedades contemporáneas.

II. GOBIERNO ABIERTO Y PARTICIPACIÓN CIUDADANA

En las últimas décadas, las Administraciones públicas de los países de la Organización para la Cooperación y el Desarrollo Económico (OCDE), han hecho frente a diversos retos derivados del desarrollo de las sociedades digitales (Conejero, 2014). Además, la ciudadanía cada vez está más formada (Inglehart, 1991), es más activa, menos sumisa, más exigente (Brugué et al., 2003) y reclama de una mayor participación en los procesos de deliberación y decisión y, en definitiva, de una nueva forma de hacer política (FEMP, 2018).

Ante tal escenario, el Gobierno Abierto se ha convertido en uno de los términos de referencia para los gobiernos y las Administraciones públicas, que define los valores de cualquier sociedad democrática. Según señalan Canel y Piqueiras (2021), el Gobierno Abierto ha sido calificado como un «modo de interacción sociopolítica» (Cruz-Rubio, 2015, p. 38), una nueva «cultura de comunicación y modelo organizativo» (Gutiérrez-Rubí, 2011), «un nuevo enfoque relacional entre los gobernantes, las administraciones y la sociedad» (Ramírez-Alujas, 2011, citado en Cruz-Rubio, 2015, p. 47), «una filosofía político-administrativa» (Cruz-Rubio, 2015, p. 39), un «nuevo paradigma de gestión» (Criado, 2016).

De acuerdo con lo apuntado por Criado (2021), el Gobierno Abierto "ha realizado un importante viaje a nivel internacional, adentrándose en las agendas públicas y de gobierno como una promesa de transformación en la forma de gobernar las sociedades, gestionar los asuntos públicos, adoptar decisiones colectivas o relacionarse con la ciudadanía desde el poder político" (p.31).

No obstante, el Gobierno Abierto es "algo más que solo poner los datos en abierto, pues se trata de buscar también y proactivamente la participación y colaboración de la sociedad civil y, en último término, de dar a esta la posibilidad de cocrear y coproducir para la resolución de los problemas comunes" (Canel y Piqueiras, 2021, p.90; Canel, 2018).

Por tanto, la transparencia, la rendición de cuentas y la participación son las bases y principios del Gobierno Abierto, que utiliza las tecnologías con el fin de promover un mejor accionar de las Administraciones, acercarse a los ciudadanos, interactuar con ellos y crear vínculos (Darbishire y González, 2021; Quintanilla y Gil-García, 2013; Cruz Rubio, 2015),

1. La participación ciudadana en el ámbito público

El impacto de diversas crisis —económicas, sanitarias y sociales—, el deterioro de los servicios públicos y, en general, la falta de confianza hacia lo público, ha llevado a que en los últimos tiempos se reclame con mayor insistencia lo que ha venido a denominarse regeneración democrática (Castellanos, 2021).

No obstante, la definición del concepto de participación ciudadana no es aún un asunto cerrado; como señala Cunill (2003), la mayoría de definiciones coinciden en referirse a la participación ciudadana como aquellas prácticas sociales que conllevan una interacción expresa entre los actores de la sociedad civil y el Estado. Así, Aguirre (2014), define la participación ciudadana como el conjunto de "actividades que, interactuando ante y con el Estado, buscan transformarlo para incidir en el diseño, definición y programación de las políticas públicas" (p.213), que pueden abarcar la legitimación y legalización de nuevos derechos positivos, el establecimiento de mecanismos para organizar la vida democrática o la planificación de programas y su ejecución.

Se trata de una relación voluntaria que puede darse de forma individual o colectiva con la intención de influir directa o indirectamente en las políticas públicas y en las decisiones de los distintos niveles del sistema político y administrativo (Font y Blanco, 2006), que afecta a la formulación, ejecución y control de las políticas públicas (Prieto-Martín, 2010), y que tiene, en definitiva, el propósito de influir en cualquier dimensión de aquello que es público (Parés, 2009), buscando aportar a los procesos de desarrollo del ser humano y de las colectividades en las que éste interactúa (Holguín, 2013, citado en Castillo, 2017), con el fin de hacer valer sus derechos e influir en su funcionamiento.

Asimismo, la participación puede entenderse como un sentimiento de pertenencia a un grupo, lo cual requiere canales que mantengan ese vínculo (Pindado, 2008). Existen iniciativas de participación que tienen una naturaleza institucional y otras, promovidas por la ciudadanía, entidades, colectivos u organizaciones; en este capítulo, nos referimos específicamente a las iniciativas impulsadas por gobiernos y Administraciones públicas para incorporar a la ciudadanía en decisiones de interés público (Bustos et al., 2018).

Tras esta breve aproximación al concepto, nos remitimos a una definición más amplia y dimensional sobre qué es la participación ciudadana. Precisamente, la definición del Libro Blanco de la Democracia y Participación Ciudadana para Euskadi, resultado de un proceso colaborativo entre la Administración y la sociedad civil, establece que la participación ciudadana es un proceso (inclusivo, continuo, planificado, transformador, corresponsable y empoderador), una actitud (basada en autonomía, libertad, responsabilidad, escucha y compromiso), un derecho a influir en decisiones públicas con reglas justas y canales adecuados, y una obligación ciudadana orientada al bien común (Uriarte et al., 2016).

No obstante, debemos apuntar que la participación no solo hace referencia a la emisión de opiniones por parte de la ciudadanía, sino también a que exista un verdadero compromiso, implicación y colaboración de estos con los asuntos gubernamentales, políticos y económicos (O'Reilly, 2010; Noveck, 2009).

Según señala Brugué, "las políticas de participación ciudadana iniciaron su andadura, tanto en España como a nivel internacional, hace ya más de tres décadas", (2018, p.155), por lo que disponemos de múltiples experiencias sobre los distintos esfuerzos que —con mayor o menor esfuerzo— han llevado a cabo las Administraciones públicas con el objetivo de fomentar y canalizar la participación de la ciudadanía.

A pesar de ello, la gran pregunta que en ocasiones sigue planteándose es si la participación ciudadana es imprescindible para las Administraciones pública. En referencia a lo apuntado por Brugué (2018), la perspectiva sobre la evolución de la participación ciudadana, como no podía ser de otra forma, ofrece luces y sombras, pues "hemos atravesado diversas etapas: desde el entusiasmo casi adolescente de los años novena al bloqueo que supuso la crisis de 2007-2008 y, ya más recientemente, en el marco de una extendida revisión de la democracia representativa, una revitalización del debate sobre el buen gobierno y la innovación democrática" (p.155).

Sin duda, las respuestas a esta cuestión no se encuentran exentas de debate, aunque "los argumentos a favor de la participación son muchos y es necesario hacerlos explícitos para legitimar el esfuerzo que conllevan ante la sociedad y hacia dentro de la propia organización" (FEMP, 2018, p.17).

Entre las oportunidades que nos ofrece la participación en el ámbito público, podemos destacar su valor aplicado a la gestión pública (Rubio et al., 2023; Bustos et al., 2018; FEMP, 2018):

- Refuerza la cercanía entre responsables públicos y ciudadanía, algo que puede ser especialmente relevante en un momento en el que el distanciamiento entre ambos ha pasado a ocupar un lugar preferente en la agenda política.
- Incorpora nuevos temas y alternativas en la agenda política al considerar la inteligencia colectiva de la sociedad en las decisiones públicas, facilitando así nuevas perspectivas para abordar demandas y problemas complejos.
- Fortalece el conocimiento de la organización para diagnosticar problemas y diseñar soluciones, guiando la gestión pública hacia políticas que respondan a las necesidades ciudadanas. Así, cuando se aborda de manera estratégica y sostenida, la participación ciudadana se convierte en una herramienta clave para adaptar las políticas públicas a la realidad social.
- Mejora la eficacia de las políticas públicas y facilita su implementación, ya que una decisión tomada de forma conjunta gana legitimidad y respaldo ciudadano.
- Permite detectar errores de forma temprana y fortalece la rendición de cuentas, ya que la participación de la sociedad civil aporta perspectivas menos comunes en el diseño de políticas. Además, promueve la transparencia de las Administraciones públicas y ayuda a combatir la desafección política.

- Fomenta la sensibilización, el sentido de pertenencia, la corresponsabilidad y una voluntad colectiva de cambio en la sociedad.

2. *Niveles y modalidades para la participación ciudadana*

La participación ciudadana debe influir de manera real en la búsqueda de soluciones compartidas. En este sentido, la "Escalera de la Participación Ciudadana" de Arnstein (1969) fue pionera al definir distintos niveles de participación, advirtiendo que algunas iniciativas, aunque aparenten ser participativas, pueden ser en realidad ejercicios de manipulación, donde las decisiones ya están tomadas, o simples espacios de catarsis colectiva (Güemes, 2021).

La idea de escalera sugiere precisamente una evolución ascendente desde los estadios de no participación o participación aparente hacia la verdadera participación o control ciudadano.

La "Escalera de la Participación Ciudadana" de Arnstein clasifica la redistribución del poder según los niveles de participación. El primer peldaño es proporcionar información (participación informativa); el segundo recoge la opinión ciudadana (participación consultiva); el tercer nivel fomenta el diálogo y deliberación para tomar decisiones, fortaleciendo la cohesión social (participación deliberativa); el cuarto peldaño implica la toma de decisiones conjunta, donde la ciudadanía participa activamente (participación colaborativa o de co-creación), siendo la co-producción de políticas el nivel más alto.

Es importante destacar que la interpretación de la aportación de Arnstein ha sido diversa, lo que ha llevado a muchos estudios a simplificar su modelo (Prieto-Martín y Ramírez-Alujas, 2014). En este contexto, el modelo de la IAP2 propone reemplazar la noción de "escalera" (asociada a un ascenso de niveles jerárquicos) por un "espectro" (FEMP, 2018). Así, los niveles de participación se amplían a cinco: 1) informar —comunicación unidireccional—; 2) consultar —opiniones no vinculantes—; 3) involucrar —aceptar propuestas—; 4) colaborar —tomar decisiones conjuntas—; 5) empoderar —delegar en ciertos ámbitos—.

Por otra parte, puede diferenciarse entre tres modalidades de participación: presencial, híbrida u online (Rubio et al., 2023):

En primer lugar, la participación presencial (cara a cara) busca conectar a las Administraciones públicas y a la ciudadanía en un mismo espacio físico. Establecer encuentros presenciales entre el sector público, los funcionarios y la ciudadanía puede generar acciones transformadoras, fortalecer la cohesión y enriquecer el intercambio de opiniones, propuestas y limitaciones, al fomentar una comunicación directa. Sin embargo, es importante destacar que esta modalidad puede ser costosa, ya que requiere que los participantes se desplacen a lugares o espacios específicos (Güemes, 2021; Güemes y Resina, 2019).

En segundo lugar, la participación online (virtual) mediante plataformas digitales permite el intercambio rápido y directo de información, opiniones, ideas y experiencias, favoreciendo la creación de redes interconectadas valiosas tanto para la Administración como para los demás actores del proceso participativo. Este formato facilita la inclusión de más personas, aumenta la flexibilidad y agilidad de la participación ciudadana, y resulta menos costoso a medio plazo, ya que los participantes acceden a un único punto de encuentro digital.

Además, su implementación contribuye a la digitalización de la Administración, modernizando las instituciones, simplificando las interacciones y reduciendo las probabilidades de favoritismo (Güemes, 2021). No obstante, el uso de esta modalidad de participación conlleva diversos riesgos, como que las dinámicas de trabajo sean menos fluidas debido a la falta de cercanía física, que algunas personas no dispongan de acceso a dispositivos tecnológicos o que carezcan de habilidades para usarlos.

En tercer lugar, la participación híbrida combina las ventajas de la participación presencial y digital, minimizando las desventajas de ambas. Es importante señalar que, aunque las tecnologías pueden ampliar la participación, no necesariamente fomentan una ciudadanía más activa o motivada (Campos y Silván, 2012).

Por ello, es crucial complementar los procesos de participación, ya sean virtuales o presenciales, como ocurre con los populares presupuestos participativos. Además, más allá de elegir un formato u otro, es esencial tener en cuenta las necesidades de cada comunidad y el tema, asunto o problema que se quiere abordar en el proceso participativo.

III. LA TECNOLOGÍA Y SU PAPEL EN LA TRANSFORMACIÓN DE LA PARTICIPACIÓN CIUDADANA

Internet involucra a los usuarios de manera activa, no solo como receptores pasivos de información, sino también como creadores y participantes en plataformas digitales y redes sociales (Barrio, 2021). Aunque las tecnologías y los medios digitales no son la solución definitiva a los problemas democráticos —y, en algunos casos, incluso pueden acentuarlos—, se han consolidado como herramientas eficaces para fomentar el compromiso y la participación ciudadana mediante diversas innovaciones democráticas.

La participación ciudadana está viviendo un proceso de transformación. Como señala Arteaga (2021), más allá de usar simplemente las tecnologías, es necesario superar el concepto tradicional de participación e incorporar nuevos términos, conceptos y enfoques en estas dinámicas (p.223). En este sentido, podemos apuntar que "la participación ciudadana digital es el proceso mediante el cual se busca involucrar y empoderar a la ciudadanía a través de las Tecnologías de la Información y la Comunicación en la formulación de políticas, la toma de decisiones y el diseño en la prestación de servicios" (Rubio et al., 2023, p.18), desarrollando prácticas que garanticen voz e incidencia real a la ciudadanía, especialmente a aquellos menos aventajados o en riesgo de exclusión.

Así, además de reforzar el compromiso de la ciudadanía con lo público, la participación ciudadana digital también beneficia a los ciudadanos al permitirles (Rubio et al., 2023):

- Incrementar de forma exponencial las posibilidades de acceder a información sobre determinado asunto y su contexto mediante métodos interactivos, multimedia o técnicas de realidad virtual.
- Compartir información y generar aprendizaje social, creando y consolidando redes de conocimiento que enriquecen las experiencias de la ciudadanía, su análisis y crítica frente a los problemas y asuntos del entorno.
- Incluir en la agenda pública temáticas tradicionalmente excluidas del debate político por no ser fácilmente traducibles en votos dentro de los sistemas representativos.
- Permitir la acción colectiva y la creación de comunidades abiertas, no jerarquizadas y con intereses en común, especialmente entre el público más joven.

Por otro lado, además de permitir una interacción rápida, directa y de bajo coste, la participación ciudadana digital también ofrece a las Administraciones públicas la posibilidad de:

- Crear nuevos canales de diálogo con la ciudadanía, involucrándola según sus formas de interacción.
- Orientar la gestión hacia políticas que respondan a las necesidades ciudadanas, buscando soluciones a problemas sociales al acceder a más información y contexto.
- Contribuir a aumentar la confianza y la virtud cívica, así como a ganar legitimidad y eficiencia política en la resolución de problemas públicos.
- Favorecer una mayor presencia de los gobiernos en medios y plataformas digitales, mejorando sus habilidades de escucha activa y manteniendo conversaciones bidireccionales con la ciudadanía.

- Lograr mayor precisión, originalidad y ajuste a la realidad, así como apoyo y consenso en las soluciones al conocer de forma sencilla las opiniones y necesidades de la ciudadanía.
- Facilitar la recopilación de datos y promover su reutilización tanto por la ciudadanía como por la propia Administración.

1. ¿Qué no es participación ciudadana digital?

Es igual de importante definir qué es la participación ciudadana como determinar qué no lo es. Según el Libro Blanco de la Democracia y Participación Ciudadana para Euskadi, no se considera participación realizar consultas unidireccionales sin disposición a modificar la postura, delegar la responsabilidad en la búsqueda excesiva del consenso, procesos sin normas ni límites, prácticas superficiales que instrumentalicen posiciones partidistas, ni un fin o medio aislado. La participación ciudadana debe ser una filosofía compleja que se implante con la ciudadanía, no para ella.

Por tanto, los procesos de participación ciudadana digital no son equivalentes al voto electrónico, a la recolección de firmas, a reuniones masivas, a encuestas para medir fenómenos sociopolíticos, ni a herramientas para gestionar la satisfacción de los usuarios de servicios públicos. Tampoco se trata de difundir publicaciones en medios digitales ni de legitimar decisiones públicas previamente tomadas. Su propósito es que la ciudadanía exprese sus opiniones para que los gobernantes las consideren (Rubio et al., 2023; Cernadas et al., 2017).

IV. IMPULSANDO LA PARTICIPACIÓN EN MEDIOS DIGITALES

En cuanto al impulso de la participación en medios digitales, la tendencia es que aumenten los portales de Gobierno Abierto que integren la transparencia, la participación y los datos abiertos. Sin embargo, se observa que en España "tiende a incorporarse en un único portal de participación que focaliza toda la política del área en una única web de manera independiente y autónoma al resto de políticas de Gobierno Abierto o canales de comunicación de la Administración" (FEMP, p.85).

1. *Plataformas de software libre o privado*

Entre las herramientas digitales de participación, podemos diferenciar entre las plataformas de software libre y las de software privado. Las plataformas de software libre no pertenecen a la institución que las utiliza, sino a una comunidad abierta; estas plataformas suelen tener costos asociados a su implementación y mantenimiento, a menos que la institución cuente con personal interno cualificado para gestionar estas tareas. Además, son herramientas de código abierto, desarrolladas de manera colaborativa por la comunidad.

Por otro lado, las plataformas de software privado pertenecen a la empresa proveedora del servicio y, por lo general, requieren el pago de suscripciones mensuales o anuales.

En cuanto a sus funcionalidades, todas las plataformas ofrecen herramientas similares, aunque algunas se especializan en desarrollar ciertas características con mayor profundidad, como encuestas, diseño de procesos, simplicidad en la interfaz, o módulos relacionados con la transparencia, que son especialmente útiles para fomentar una participación informada, como presupuestos comprensibles y mejores canales de comunicación (FEMP, p.86).

Con independencia de que el software de la plataforma sea libre o privado, las principales plataformas de participación que se utilizan en España poseen elementos comunes, destacando (FEMP, 2018):

- La seguridad política y jurídica del proceso, ya que, al crear procesos participativos mediante plataformas digitales, se establecen desde el inicio las bases políticas y jurídicas del proceso, especificando el rol del promotor.

- Las reglas y normas de participación se definen desde el principio en la plataforma y son reconocidas por todas las partes involucradas, asegurando que todos los actores comprendan su rol y el alcance de su poder de decisión.
- La definición clara del objeto del proceso desde el inicio, lo cual es esencial para establecer los objetivos, límites, tiempos y el cronograma del proceso participativo.
- La digitalización y documentación completa del proceso, creando un repositorio que recopile todos los actos, acciones e incidencias ocurridas a lo largo del proceso participativo.
- La creación de un espacio continuo y accesible durante todas las fases del proceso, permitiendo la interacción en la plataforma sin importar la etapa en la que se encuentre el proceso.
- El resultado del proceso tiene consecuencias jurídicas y prácticas para los actores principales y los órganos administrativos responsables de la resolución final.

2. *Redes sociales aplicadas a los procesos participativos*

La aplicación de las tecnologías y la introducción de nuevas herramientas y prácticas en la esfera gubernamental para la gestión de los servicios ofrecidos a la ciudadanía ha supuesto, desde el inicio, un proceso largo y complejo de transformaciones (Petrizzo, 2005).

Como han señalado numerosos estudios e investigaciones académicas, las redes sociales han llegado al sector público, alineadas con los principios de Gobierno Abierto (Gao y Lee, 2017). Estas plataformas tienen un gran potencial para la participación ciudadana, ya que, según Mergel (2016), permiten a los usuarios crear perfiles en línea, facilitando la creación de contenido, la colaboración virtual y el *crowdsourcing*. Esto hace posible que los gobiernos reúnan diversas habilidades y perspectivas de la ciudadanía para encontrar soluciones más efectivas a los problemas públicos (Noveck, 2009; 2017).

Además, las redes sociales han ampliado las posibilidades de difundir información de manera rápida y sencilla, permitiendo a los ciudadanos expresar su voz de forma directa. Sin embargo, a menudo han sido criticadas por ser instrumentos de manipulación de la opinión pública, fomentar la creación de cajas de resonancia y contribuir a la polarización e intolerancia.

Sin embargo, el potencial democratizador de las redes sociales es innegable: ofrecen una mayor inmediatez comunicativa fuera de los canales tradicionales de la política y permiten ampliar el espacio público, promoviendo una mayor pluralidad y diversidad de opiniones.

Según Luengo, Kneuer y Blasio, las redes sociales tienen "un impacto directo en la movilización y el empoderamiento, capacitando a los ciudadanos para interactuar entre ellos o con los representantes públicos, funcionando a veces como un *bypass* de otros canales de comunicación más institucionalizados, como los capitalizados por periodistas y su función de filtros (*gatekeepers*)" (s.n.).

2.1. El uso participativo de las redes sociales en la AGE

Un estudio cualitativo sobre el fomento de la participación ciudadana en redes sociales, basado en el análisis de 1000 publicaciones difundidas en febrero de 2023 en los perfiles en X de la Administración General del Estado (AGE) [1], reveló que los contenidos más difundidos se centraron en la provisión de informa-

---

[1] El estudio, realizado por el analista David Álvarez, analiza 1.000 publicaciones de la AGE en Twitter, utilizando una metodología basada en la clasificación de contenidos según 11 indicadores cualitativos definidos por Ibarz y Rubio (2019). Los indicadores utilizados para clasificar las publicaciones fueron: provisión de información, servicios, información institucional, conversación/respuestas, agenda, comunicación política,

ción, servicios e información institucional. Sin embargo, solo 13 publicaciones (un 1,3% del total) estuvieron dedicadas al fomento de la participación ciudadana, lo que evidencia que este tipo de contenidos sigue siendo escaso en redes sociales, a pesar de sus ventajas y capacidad de difusión.

Gráfico 1. Análisis de publicaciones según categorías de contenido

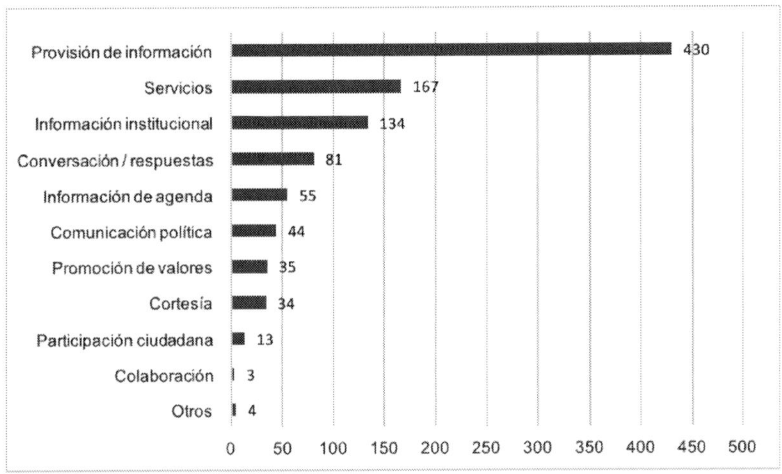

Anteriormente, del análisis de 3.182 publicaciones difundidas en X durante diciembre de 2017 y enero de 2018 por los perfiles de 13 Ministerios y 25 Secretarías de Estado, demostró que tal solo 2 de las publicaciones fueron referentes a contenidos participativos[2].

promoción de valores, cortesía, participación ciudadana, colaboración y otros.

2 Estudio realizado por Ibarz, A. y Rubio, R. (2019) sobre la participación en la Administración General del Estado a través de medios digitales.

V. DIGITALIZAR LOS PROCESOS PARTICIPATIVOS

Una vez definida la participación digital, así como sus características y las ventajas y desventajas que los medios digitales y las redes sociales ofrecen en los procesos de participación online, es relevante señalar algunos aspectos clave a considerar al diseñar un proceso participativo digital.

En este sentido, es útil recuperar la propuesta de Rubio, Valle e Ibarz (2023), que organiza los procesos participativos digitales en seis fases diferenciadas y consecutivas, manteniendo los principios de neutralidad y transversalidad en todas ellas.

En primer lugar, durante la fase de diseño, se debe definir y concretar el tema, asunto o materia sobre el que se llevará a cabo el proceso participativo. Es crucial analizar el entorno para conocer sus características, intereses, competencias y la disposición de la ciudadanía a participar, con el fin de crear un mapa de actores involucrados en el proceso. Además, es en esta fase donde se deben establecer los objetivos, plazos y mensajes clave.

También se debe analizar la presencia digital de la institución y determinar las herramientas tecnológicas disponibles, seleccionando las más adecuadas para desarrollar el proceso de participación digital. En este caso, nos estamos refiriendo a realizar un análisis estratégico sobre la presencia de la institución en medios digitales, como página web o redes sociales, y en otras plataformas, como son los portales de participación; en el caso de no disponer de portal de participación, deberá valorarse el uso de un portal participativo de software libre o de software privado.

En segundo lugar, en la fase de información, es esencial definir el equipo encargado de la comunicación y el plan de comunicación para implementar el proceso de participación en medios digitales. Este equipo debe establecer criterios estratégicos y una metodología clara para definir los contenidos a difundir y garantizar la coherencia en todos los canales digitales (redes sociales, plataformas de participación, páginas web institucionales, etc.).

A la hora de elaborar el plan de comunicación del proceso participativo digital, es necesario considerar varios aspectos. Primero, la planificación de los contenidos: digitalizar un proceso participativo no se limita a publicar un tuit o un vídeo al inicio, sino que se debe planificar contenido que informe e involucre a la ciudadanía a lo largo de todo el proceso, diseñando mensajes didácticos y segmentados según el público y la red social.

Los contenidos deben ser visuales, atractivos y con mensajes simples que fomenten la participación, y el lenguaje debe ser claro y accesible para toda la comunidad, evitando tecnicismos.

En tercer lugar, en la fase de deliberación, se escuchará activamente a la ciudadanía y se recopilarán las propuestas realizadas por los participantes en el proceso participativo. El uso de un *hashtag* específico para el proceso, por ejemplo, puede facilitar esta escucha activa y la recopilación de publicaciones y propuestas relacionadas con el proceso.

Además, al recopilar las diversas opiniones, se garantiza que todas las personas participantes se sientan representadas. Es fundamental registrar la información generada en cada sesión del proceso participativo para asegurar una trazabilidad completa.

El objetivo principal en esta fase es confrontar y contrastar las ideas y propuestas, promoviendo el debate constructivo para llegar a conclusiones comunes. También es importante trasladar a la ciudadanía las propuestas elaboradas por los participantes y los resultados obtenidos durante el proceso.

En la cuarta fase, se debe comunicar de manera transparente el resultado del proceso participativo, informando sobre las propuestas que fueron aceptadas y aquellas que no lo fueron. Es crucial detallar los criterios técnicos, económicos o normativos que se han utilizado para tomar estas decisiones, y todo debe enmarcarse en las reglas previamente establecidas para el proceso.

Es importante resaltar cómo el plan, proyecto o programa ha sido enriquecido gracias a la participación ciudadana a lo largo de la consulta. Para comunicar estos resultados, se recomienda utilizar medios digitales como páginas web institucionales y perfiles en redes sociales, facilitando así la difusión clara y accesible de los resultados, y explicando los beneficios de las propuestas seleccionadas.

En quinto lugar, es esencial realizar un seguimiento continuo del proceso participativo con el fin de reducir los tiempos de implementación. Una vez que se ha dado el retorno a los participantes, se debe procurar mantenerlos comprometidos y atentos a los avances del proceso. Para ello, herramientas como el correo electrónico, canales de Telegram o reuniones online a través de diversas plataformas pueden ser muy útiles.

Además, en esta fase de retorno, se recomienda diseñar y habilitar una plataforma digital que permita a los participantes realizar un seguimiento detallado del proceso, con previsiones temporales sobre su duración y con información actualizada sobre cada una de sus fases.

En la última de las fases del proceso de participación debe realizarse una evaluación para comprobar el grado de éxito y satisfacción del proceso desarrollado, contrastar el grado de cumplimiento de los objetivos previstos y el impacto del proceso y determinar qué cuestiones se han quedado sin resolver para poder contribuir a la mejora de otros procesos participativos.

Para llevar a cabo esta evaluación, es necesario definir una serie de indicadores tanto generales como específicos. Es recomendable contar con tres tipos de indicadores principales: de realización (que midan si se han cumplido los objetivos previstos), de resultados (que midan los efectos inmediatos o alcanzados del proceso) y de impacto (que valoren los cambios a largo plazo generados por el proceso). Estos indicadores deben ser medibles, específicos, realistas y basados en un sistema de información fiable.

En esta fase operativa, se deben recoger y procesar los datos necesarios para evaluar adecuadamente el proceso participativo. Posteriormente, se debe elaborar un informe que presente la valoración global del proceso, resumiendo los resultados y las lecciones aprendidas. Este informe debe ser compartido con los participantes y los grupos involucrados, utilizando medios como correo electrónico o redes sociales, para asegurar su amplia difusión y retroalimentación.

El *feedback* sobre la evaluación final es crucial para reconocer la contribución de los participantes y reforzar la transparencia, además de servir como base para la mejora de futuros procesos participativos.

VI. BARRERAS Y RETOS PARA LA PARTICIPACIÓN CIUDADANA DIGITAL

Sin duda, la tecnología es un foco de atracción para expandir y motivar la participación, mejorando la transparencia con políticas de comunicación activas y facilitando la participación en todas las escalas. En este sentido, a las plataformas de participación se unen también las distintas posibilidades que aportan las tecnologías y medios digitales, aunque su aplicación también plantea barreras y retos para la participación ciudadana digital.

En primer lugar, debemos apuntar que la participación ciudadana en la gestión pública mediante herramientas digitales no es una práctica extendida y consolidada en España. No obstante, al analizar la baja participación ciudadana en entornos digitales también debemos tener en consideración la voluntad y posibilidades reales de participar; es decir, cuáles son las razones que animan a la gente a participar —que deben ser más poderosas que las que les llevan a abstenerse a hacerlo— y cuáles son las posibilidades reales de participar —refiriéndonos a si existen realmente los conocimientos, medios y recursos adecuados para favorecer dicha participación a través de las tecnologías digitales—.

Otro de los motivos que explican la baja participación digital tiene que ver con la heterogeneidad de los actores y la escasa representación de la diversidad de intereses sociales de las organizaciones de la sociedad civil, que constituyen un tejido social poco favorable a la participación ciudadana en general y a la participación digital en particular

En segundo lugar, debemos cuestionarnos si los actores implicados en esta nueva forma de gestionar lo público —la Administración y la ciudadanía— están preparados para ello. En este sentido, debemos enfrentarnos a la inevitable cuestión de los límites a la participación ciudadana, como son la accesibilidad, la privacidad, la seguridad y, por supuesto, la brecha digital o el analfabetismo digital, que puede acabar con colectivos de la población infrarrepresentados en los procesos participativos o excluidos debido a la carencia de competencias para hacer un uso adecuado de los escenarios participativos digitales.

Asimismo, debemos plantearnos si las Administraciones públicas tienen la capacidad para sacar el máximo partido de las tecnologías y medios digitales para tener un mayor conocimiento de las necesidades y problemáticas actuales de la ciudadanía y poder dar solución a las mismas. Además, debemos señalar la posible falta de interés en los procesos de participación digital por parte de los responsables públicos o la banalización de los procesos a través de una participación superficial, inconsciente de su importancia o de la relevancia de sus consecuencias.

En tercer lugar, no debe olvidarse que puede existir una cierta apatía por la participación ciudadana debida al desinterés de la ciudadanía y a su falta de compromiso en las cuestiones de índole pública. A ello se suma insuficiente o deficiente información inicial sobre la propuesta, acción, política o cuestión que se somete al proceso participativo, así como sobre las aportaciones que se han ido haciendo, las valoraciones de quién ha iniciado la consulta, su incorporación a la toma de decisiones, etc.

Por ello, en los procesos participativos digitales el *feedback* es esencial con el fin de que la ciudadanía pueda valorar el resultado de su participación y es necesario para que la Administración tome en serio las consultas y deliberaciones resultantes, pues no puede organizarse un proceso participativo para luego hacer caso omiso si los resultados no son los esperados.

Finalmente, cabe hacer referencia a la cuestión relativa al hecho de que la incorporación de las tecnologías y medios digitales en la Administración pública puede derivar en nuevos sesgos y exclusiones generadas en el acceso a los servicios en el ámbito digital, como pueden ser el caso de las personas mayores.

En este sentido, es fundamental apostar por webs, plataformas y otras aplicaciones sean accesibles y tengan en cuenta la experiencia de la persona usuaria, haciendo uso de un lenguaje claro —inteligible, sencillo y que incorpora expresiones técnicas acompañadas de traducciones a versiones sencillas— (Instituto de Lectura Fácil y Clarity, 2017), y de lectura fácil —refiriéndonos a creación de documentos, imágenes, gráficos, etc. fáciles de entender—.

Para lograr una participación ciudadana real y efectiva, y afrontar los diversos retos que se presentan, se recomienda:

- Asegurar que los procesos participativos respondan a las necesidades reales de la ciudadanía, involucrando a representantes de la sociedad civil que tengan un conocimiento profundo de estas necesidades.
- Proporcionar toda la información necesaria para que los ciudadanos puedan participar plenamente en el proceso.
- Aprovechar las amplias posibilidades que ofrecen las tecnologías, garantizando que los procesos de participación sean coherentes, significativos y útiles para los participantes.
- Cumplir con la expectativa de que las contribuciones ciudadanas influyan realmente en la decisión final de las instituciones.
- Implementar medidas innovadoras que faciliten encuentros y espacios de diseño y seguimiento durante todo el proceso participativo.
- Planificar, en colaboración con toda la ciudadanía, acciones a ejecutar en situaciones extremas, como futuras pan-

demias o los retos sociales, económicos y políticos que podrían surgir.

- Comunicar claramente cómo y en qué medida las aportaciones ciudadanas han influido en la toma de decisiones al concluir el proceso.

VII. CONCLUSIONES

La participación ciudadana está en una fase de transformación, impulsada por los cambios de las últimas décadas y la creciente importancia de la participación en el diseño de políticas públicas, tanto a nivel global como en España. El uso de medios digitales y plataformas ha ampliado las oportunidades de difusión de información y de dar voz a la ciudadanía.

En este sentido, las redes sociales se han convertido en herramientas esenciales para los procesos democráticos, especialmente entre los jóvenes, que han crecido en un entorno digital que ha formado su percepción política (Maltos et al., 2021).

Las plataformas digitales, particularmente las redes sociales, tienen un gran potencial democratizador, ya que amplían el espacio público, promoviendo la pluralidad de opiniones y facilitando la comunicación inmediata, fuera de los canales políticos tradicionales. Así, la ciudadanía se convierte en un actor clave para mejorar la Administración, creando nuevos espacios para su participación en la toma de decisiones, formulación de políticas públicas y creación de servicios de calidad.

El valor real de la participación ciudadana radica en esta relación directa entre gobernantes y gobernados. Por ello, las Administraciones deben ver la participación como una estrategia de modernización y eficiencia gubernamental, donde la transformación de las sociedades y la velocidad de los cambios dependen de los avances tecnológicos.

La clave está en si el uso de plataformas digitales puede superar barreras como desconfianza, apatía, desmotivación o falta de conocimiento, lo cual dependerá de cómo las Administraciones las gestionen. La participación ciudadana es crucial para fortalecer la democracia, pero debe llevarse a cabo con una planificación estratégica para evitar efectos negativos.

La participación efectiva será la que surja de un enfoque detallado y estratégico, involucrando a todos los actores relevantes. Las herramientas digitales son ideales para lograr este enfoque, ampliando el alcance del proceso y haciendo la participación más representativa y eficiente. Además, lo más transformador de la digitalización es su flexibilidad, permitiendo adaptarse a las necesidades del momento y ofrecer mejor información a los participantes en todas las fases del proceso.

VIII. REFERENCIAS BIBLIOGRÁFICAS

Aguirre, J. F. (2014). "El potencial de los medios digitales ante la participación ciudadana tradicional y el presupuesto participativo". *Comunicación y Sociedad,* (22), 211-229.

Arnstein, S. (1969). "A Ladder Of Citizen Participation". *Journal of the American Institute of Planners, 35* (4),.216-224.

Arteaga, J. (2021). "Activando la innovación y la colaboración ciudadana en Alcobendas. Una experiencia en la evolución de la Participación Ciudadana" (221-254). En Criado, J.I. (Coord.). (2021). *Gobierno Abierto, innovación pública y colaboración ciudadana.* INAP.

Barrio, M. (2021). "Génesis y desarrollo de los derechos digitales". *Revista de las Cortes Generales,* (110), primer semestre, 197-233.

Brugué, J., Font, J. y Gomà, R. (2003). *Participación y democracia. Asociaciones y poder local. Movimientos sociales: cambio social y participación.* UNED: Universidad Nacional de Educación a Distancia, 109-132.

Brugué, J. (2018). "Los ritmos y los tumbos de la participación ciudadana". *Revista Cuadernos Manuel Giménez Abad,* (16), 154-165.

Brugué, J. (2022). *Organizaciones que saben, organizaciones que aprenden.* INAP.

Bustos, R.; García, J. y Chueca, D. (2018) *Guía práctica para facilitar la participación ciudadana. Una selección de herramientas presenciales y digitales para el trabajo colectivo.* Departamento de Relaciones Ciudadanas e Institucionales. Gobierno de Navarra.

Castellanos, J. (2021). "La transparencia como punto de partida y de destino de las sociedades democráticas". En Boix Palop, A. y Castellanos Claramunt, J. (Coords.). *Transparencia y Comunidades Autónomas: una perspectiva multinivel.* Valencia: Tirant Lo Blanch, 104-142.

Castillo, M. (2017). "El papel de la participación ciudadana en las políticas públicas, bajo el actual escenario de la gobernanza: reflexiones teóricas". *Revista CS,* (23), 157-180.

Campos, E., y Silván, A. (2012). "Democracia digital. El estado de la cuestión", pp. 53-84. En I. Ramos y E. Campos (Coords.), *Ciudadanía en 3D. Democracia digital deliberativa. Un análisis exploratorio* Barcelona: Edhasa.

Canel, M. J. (2018). *Comunicación de la Administración Pública. Para gobernar con la sociedad.* Ciudad de México: Fondo de Cultura Económica.

Canel, M.J. y Piqueiras, P. (2021). "La tecnología con lentes de intangibilidad. Propuestas para orientar Gobierno Abierto e Inteligencia Artificial hacia los recursos intangibles de la Administración Pública", 87- 115. En Criado, J.I. (Coord.). (2021). *Gobierno Abierto, innovación pública y colaboración ciudadana.* INAP.

Cernadas, A., Chao, L., y Pineda, C. (2017). "Participación ciudadana: de la participación en la gestión a la gestión de la participación". *Política y Sociedad, 54* (1), 163-189.

Conejero, E. (2014). "Valor público: una aproximación conceptual". *Revista 3C Empresa, 3* (1), 30-41.

Criado, J.I. (2016). "Las administraciones públicas en la era del gobierno abierto. Gobernanza inteligente para un cambio de paradigma en la gestión pública". *Revista de Estudios Políticos,* 173, 245-275.

Criado, J.I. (2021). "Gobierno Abierto, innovación púbica y gobernanza colaborativa. Hacia un marco analítico integrador en la era de la Administración pública 4.0" (31-60). En Criado, J.I. (Coord.). Gobierno Abierto, innovación pública y colaboración ciudadana. INAP.

Cruz-Rubio, C. (2015). "¿Qué es (y qué no es) gobierno abierto? Una discusión conceptual". *EUNOMÍA. Revista En Cultura de La Legalidad,* 8, 37-53.

Cunill, N. (2003). "Los elementos básicos de la participación ciudadana". En R. Cordova (Comp.), *Participación ciudadana y desarrollo local en Centroamérica.* San Salvador: Fundación Dr. Guillermo Manuel Ungo.

Darbishire, H. y González, P. (2021). "La Alianza para el Gobierno Abierto como escenario de participación de la sociedad civil", 115-136. En Criado, J.I. (Coord.). *Gobierno Abierto, innovación pública y colaboración ciudadana.* INAP.

Federación Española de Municipios y Provincias, FEMP (2018). *Gobernanza participativa local. Construyendo un nuevo marco de relación con la ciudadanía.*

FEMP y Red de Entidades locales por la transparencia y la participación ciudadana.

Font, J., y Blanco, I. (2006). *Polis, la ciudad participativa. Participar en los municipios: ¿Quién? ¿Cómo? ¿Por qué?* Barcelona: Diputación de Barcelona.

Gao, X., y Lee, J. (2017). *E-Government Services and Social Media Adoption: Experience of Small Local Governments in Nebraska. Proceedings of the 18th Annual International Conference on Digital Government Research.*

Gobierno Vasco e Innobasque (2013). *Libro Blanco de la participación para Euskadi. Departamento de Administración Pública y Justicia.*

Güemes, C. (2021). "Participación ciudadana", 75-94. En Martín, D. (Coord.). *Guía de Gobierno Abierto.* Centro de Estudios Políticos y Constitucionales.

Güemes, C., y Resina, J. (2019). "'Come together?' Citizens and civil servants dialogue and trust". *Australian Journal of Public Administration* (pp.155-171).

Gutiérrez-Rubí, A. (2011). "Open government y crisis económica". *Diario Cinco Días.*

Holguín, C. (2013). "La participación social y ciudadana en las políticas públicas: apuntes para su reflexión", 73-205. En A. Roth (Ed.), *El análisis y la evaluación de las políticas públicas en la era de la participación: reflexiones teóricas y estudios de casos* Bogotá: Universidad Nacional de Colombia.

Ibarz, A. y Rubio. R. (2019). *La participación en la Administración General del Estado a través de medios digitales.* Ministerio de la Presidencia, Relaciones con las Cortes e Igualdad: Centro de Estudios Políticos y Constitucionales.

Inglehart, R. (1991). *El cambio cultural en las sociedades industriales avanzadas.* Centro de Investigaciones Sociológicas (CIS): Siglo XXI de España.

Infante, J.M., Wright, C., & Cantú, J. (2019). "Introducción: Desafección de la democracia", pp. 11-27. En J. M. Infante, C. Wright, & J. Cantú (Eds.), *Desafección política en Nuevo León* Comisión Estatal Electoral.

Instituto de Lectura Fácil y Clarity (2017). *Lenguaje claro. Comprender y hacernos entender.*

International Association for Public Participation - IAP2 (2014). *IAP2's Public Participation Spectrum.*

Lannegrand-Willems, L., Chevrier, B., Perchec, C., y Carrizales, A. (2018). "How is civic engagement related to personal identity and social identity in late adolescents and emerging adult? A person-oriented approach". *Journal of Youth and Adolescence,* 47(4), 731-748.

Luengo, Ó., Kneur, M. y Blasio, E. (2021). "Participación ciudadana en la esfera digital". Call for papers, 69. *Revista Comunicar. Monográfico* 2021-4.

Maltos, A.L.; Martínez, F.J. y Miranda, Ó.M. (2021). "Medios digitales y prácticas políticas universitarias en la esfera pública". *Revista Comunicar*, 69. 2021, 45-55.

Mergel, I. (2016). *Social media institutionalization in the U.S. federal government. Government Information Quarterly*, *33*(1), 142-148.

Noveck, B.S. (2009). *Wiki Government, How Technology Can Make Government Better, Democracy Stronger, and Citizens More Powerful.* Washington D.C.: Brookings Institution Press.

Noveck, B. S. (2017). *Ciudadanos inteligentes, Estado más inteligente: Las tecnologías del conocimiento y el futuro de gobernar.* Ciudad de México: CIDE.

O'Reilly, T. (2010). "Government as a Platform". *Innovations: Technology, Governance, Globalization,* 6 (1), 13-40.

Parés, M. (Coord.) (2009). *Participación y calidad democrática. Evaluando las nuevas formas de democracia participativa.* Barcelona: Editorial Ariel.

Petrizzo, M.Á. (2005). "Participación ciudadana y tecnologías de la información y la comunicación: hacia una administración pública relacional". *Nueva sociedad,* 195, 8-101.

Pindado, F. (2008). "La participación ciudadana es la vida de las ciudades", 119-147. En I. Celaya, I. Celaya, F. López, S. Castel y T. Gómez (Coords.), *Participación Ciudadana...para una administración deliberativa* Zaragoza: Gobierno de Aragón.

Prieto-Martín, P. (2010). "(e)Participación en el ámbito local: caminando hacia una democracia colaborativa". *Política y sociedad, 54* (1), 164-189.

Prieto-Martín, P., y Ramírez Alujas, A. (2014). "Caracterizando la participación ciudadana en el marco del Gobierno Abierto". *Revista del CLAD Reforma y Democracia,* 58, 61-100.

Quintanilla, G. (2017). "Gobierno Abierto en Brasil, Colombia y México. Resultados del Primer Plan de Acción", 435-460. En Gil-García, J.R., Criado, J.I. y Téllez, J.C. (Eds.), *Tecnologías de Información y Comunicación en la Administración Pública: Conceptos, Enfoques, Aplicaciones y Resultados* México, Ciudad de México: INFOTEC.

Quintanilla, G. y Gil-García, J.R. (2013). *Gobierno Abierto en América Latina: Modelo Conceptual, Planes de Acción y Resultados Preliminares.* México, D.F.: Instituto Nacional de Administración Pública, A.C.

Ramírez-Alujas, Á. (2010). "Innovación en la gestión pública y Open Government (Gobierno Abierto): Una vieja nueva idea..." *Revista Buen Gobierno,* (9), 1-35.

Rubio, R., Valle Escolano, R & Ibarz, A. (2023). *Guía didáctica para fomentar la participación ciudadana a través de los medios digitales y redes sociales de la AGE.* Ministerio de Hacienda y Función Pública.

Torcal, M., & Montero, J.R. (2006). *Political disaffection in contemporary democracies: Social capital, institutions, and politics.* Routledge.

Uriarte, K., Bikandi, J., Atxutegi, G., y Bernaola, G. (2016): "El Libro Blanco de Participación Ciudadana para Euskadi. Un punto de partida para construir una Euskadi más participativa en los asuntos públicos", pp. 228-249. En J. I. Criado (Ed.), *Nuevas tendencias en la gestión pública. Innovación abierta, gobernanza inteligente y tecnologías sociales en unas administraciones públicas colaborativas.* INAP.

Wessels, B. (2018). *Communicative civic-ness: Social media and political culture.* Routledge.

La influencia de los stakeholders institucionales y locales en la promoción del empleo en el territorio: algunos ejemplos en la Comunitat Valenciana

ÁNGEL GUILLÉN PAJUELO
Profesor Ayudante Doctor de Derecho del Trabajo y de la Seguridad Social
Universitat de València

I. INTRODUCCIÓN Y CONTEXTO

Con motivo del Congreso *"El fomento de la participación ciudadana en el autogobierno de la Comunitat Valenciana"* celebrado en la Universitat de València en octubre de 2024, se trajo a colación la relevancia de las competencias en materia de empleo y promoción económica de la propia región; máxime si cabe con las políticas de pactos territoriales por el empleo que se ha llevado a cabo en la Comunitat Valenciana y que cuenta con un alto grado de participación de distintas entidades, organizaciones empresariales, agentes sociales y, por supuesto, administraciones públicas.

En el conjunto de prioridades estratégicas que tienen las administraciones públicas, podría afirmarse que entre las más relevantes se encuentra la promoción del empleo. Una buena muestra de ello es la comunicación y difusión de los datos de creación de nuevos puestos de trabajo (en los distintos niveles administrativos), los datos de afiliación a la Seguridad Social, las nuevas altas de trabajadores autónomos o el número total de desempleados. Todos estos datos y números que difunden los diferentes gobiernos pueden diseminarse y detallarse por comarcas, provincias o Comunidades Autónomas.

El empleo, por tanto, es uno de los ejes principales sobre los que pivota la acción política de cualquier administración; habida cuenta también de la importancia que supone contar con un puesto de trabajo para, entre otros, determinados colectivos denominados como más vulnerables: jóvenes, población femenina, mayores de 50 años, etc. Las políticas públicas de empleo, tanto activas como pasivas, son destinatarias de numerosos recursos económicos públicos, precisamente, para conseguir que las personas en búsqueda de empleo puedan encontrar uno ya sea en el sector privado o bien en el sector público.

Especialmente se trata desde los poderes públicos de diseñar un ecosistema razonablemente favorable (Nonell y Medina, 2021) para incorporar nuevos empleados al mercado de trabajo, ya sea facilitando la inversión privada, bonificando cotizaciones sociales o arbitrando instrumentos y convenios de formación con distintas organizaciones. También una de las políticas (en época expansiva) es la creación de empleo público que se da, particularmente, en sectores vinculados tradicionalmente con el Estado del Bienestar: educación y sanidad, en su mayoría.

Como resulta evidente, estamos ante sociedades interconectadas entre sí y, como consecuencia de ello, las actuaciones de gobiernos, organizaciones sociales, empresas, personas y universidades, entre otras, tienen repercusión e incidencia. Podría decirse que lo que conocemos como *stakeholder* equivaldría, en nuestras palabras, a una traducción de interesado, parte en el proceso o grupo de interés, lo que nos lleva a entender que los *stakeholders* territoriales, de los cuales se hace referencia en el título de este estudio, son aquellas personas, grupos, organizaciones o entidades que tienen interés e influencia en las decisiones, actividades o políticas relacionadas con un territorio en particular.

En procesos de planificación y gestión territorial, identificar y colaborar con los *stakeholders* es crucial para el éxito de cualquier iniciativa. Estos actores desempeñan un papel clave en el desarrollo, gestión y planificación del territorio, ya que tienen intereses diversos y pueden aportar perspectivas valiosas para garantizar que las acciones sean sostenibles, adecuadas y equitativas. Estos actores territoriales tienen una especial significación en las dos vertientes que en este capítulo se tratan: en el territorio, por el ejemplo de la Comunidad Valenciana, y en la materia de promoción del empleo.

Esto es, en el proceso de toma de decisiones los *stakeholders* territoriales son (y deben ser) tenidos en cuenta, más aún si cabe en cuestiones que son directamente de su incumbencia. Un ejemplo ilustrativo de esto son los pactos territoriales por el empleo en la Comunidad Valenciana que surgen a través del desarrollo local (Gallego y Nácher,2003) y la participación ciudadana y de los agentes sociales, tanto sindicatos como organizaciones empresariales.

No todo, es cierto, podemos incluirlo como un actor territorial con influencia en los procesos de gobernanza, pero, en particular, cuando tratamos el autogobierno en la Comunidad Valenciana y se aborda una cuestión tan sensible como las competencias en materia de empleo, resulta imprescindible la colaboración entre los *stakeholders* territoriales tanto públicos (ayuntamientos, comarcas, diputaciones...) como los agentes sociales (organizaciones empresariales, sindicales y otras asociaciones o fundaciones). En definitiva, desde una perspectiva competencial en materia de empleo asumida por la administración territorial valenciana y con el soporte de la participación social e institucional, se analizará la puesta en marcha y el éxito de los pactos territoriales por el empleo en la Comunitat Valenciana.

II. UNA APROXIMACIÓN A LA ARQUITECTURA INSTITUCIONAL Y COMPETENCIAL EN MATERIA DE EMPLEO EN LA ESPAÑA CONSTITUCIONAL

La distribución de competencias entre el Estado y las Comunidades Autónomas (CCAA) establecida en la Constitución española (CE) de 1978 responde a un sistema de listas, recogidas en los artículos 148 y 149 de la CE, caracterizado por su doble naturaleza (Fernández-Segado,1994) de esas dos listas de competencias. Así, mientras que la norma de atribución a los órganos centrales es de Derecho necesario, al afirmar el artículo 149 que *"el Estado tiene competencia exclusiva sobre las siguientes materias"*; la norma referente a las CCAA es de Derecho dispositivo, como indica el artículo 148 cuando establece que *"las CCAA podrán asumir competencias en las siguientes materias."* Todo ello sin perder de vista el artículo 150, que regula la posibilidad de que las CCAA asuman competencias en determinadas materias, atribuidas inicialmente al Estado, a través de leyes marco o leyes de trasferencia o delegación.

En lo que respecta a la materia laboral (Cavas y Sánchez Trigueros, 2005) la distribución se recoge en el artículo 149.1.7, a tenor del cual el Estado tiene competencia exclusiva sobre la legislación laboral, sin perjuicio de su ejecución por los órganos de las CCAA. De esta forma, la materia laboral se configura como una competencia compartida entre el Estado, que tiene atribuida la potestad legislativa, y las CCAA, a las que se atribuyen las facultades de ejecución de dicha legislación laboral dictada por el Estado. Facultades que han sido asumidas bien por la vía estatutaria, bien por la vía del artículo 150.2 de la CE, es decir, a través de leyes orgánicas de transferencia, como es el caso de la Comunidad Valenciana.

La extensión de las respectivas competencias o facultades sobre la materia laboral vendrá dada, de una parte, por los límites que marquen los conceptos legislación y ejecución; y de otra, de lo que se entienda por materia laboral. De ahí la necesidad de delimitar los dos conceptos citados, y de otro, de definir o acotar la materia laboral, acudiendo para ello a la interpretación que el Tribunal Constitucional (Sempere, 1990)[1] ha realizado sobre estas cuestiones. Sobre el término legislación, conviene indagar si con tal concepto se alude a cualquier acto normativo o únicamente a las leyes formales o actos normativos que se le equiparen

---

1 Entre otras, Sentencias del Tribunal Constitucional 1/1982, 18/1982 y 35/1982.

en cuanto procedentes de quienes por excepción o delegación pueden producir normas con fuerza de ley formal.

Por el contrario, no aparecen necesariamente incluidos dentro del concepto de legislación los reglamentos que carecen de significación desde el citado punto de vista de la uniformidad, por referirse a los aspectos organizativos o de orden interno y que afectan a la estructura interna de la administración.

En referencia al término ejecución, tomando en consideración que la función ejecutiva reconocida a las autonomías no incluye, como se ha indicado, la potestad de dictar reglamentos en ejecución de las leyes estatales. Habrá que entender que el concepto de ejecución, por tanto, adquiere una vertiente básicamente interna, orientada hacia las propias estructuras administrativas, de modo tal que la ejecución de una norma viene a significar el proveer lo necesario para su puesta en práctica, incluyendo los pertinentes actos de administración o la aprobación de reglamentos de organización interna de la administración.

Asimismo, dentro del concepto de ejecución se comprende el ejercicio de la potestad sancionadora, esto es, la potestad de declarar la existencia de infracciones e imponer las correspondientes sanciones en la materia sobre la que se ejerce la competencia. En definitiva, ejecutar la legislación es organizar los servicios y procedimientos necesarios para su puesta en práctica.

El contenido del término laboral también guarda algunos aspectos interesantes. Así, delimitados los conceptos de legislación y ejecución, cabe acotar el contenido o alcance de la materia laboral. La interpretación dada por el Alto Tribunal ha seguido una línea restrictiva, calificando como laboral aquella normativa que o bien regula directamente la relación jurídico-laboral, o bien regula institutos jurídicos referentes al trabajo por cuenta ajena, particularmente si se trata de materia recogida en el Estatuto de los Trabajadores (ET), cuerpo legal considerado implícitamente como delimitador de la laboralidad. Constituye asimismo materia laboral, de una parte, la seguridad e higiene y salud laborales, y de otra, el empleo en sus vertientes de colocación, fomento del empleo y formación profesional para el empleo.

Las competencias en materia social de las CCAA se asumieron a través de los Estatutos de Autonomía, norma institucional básica de las CCAA, que constituyen, en principio, la vía a través de la cual se produce la asunción de competencias por las regiones, dentro del marco establecido en la CE, sin perjuicio de las operaciones de ampliación o incremento de las competencias autonómicas que puedan realizarse al amparo de lo previsto en el citado artículo 150 de la CE.

En la actualidad la práctica totalidad de las Comunidades Autónomas se encuentran situadas en el marco o nivel competencial establecido en el artículo 149.1 de la CE y, por consiguiente, tienen atribuidas competencias de ejecución en materia laboral. Sin embargo, el acceso a dicho nivel competencial no se ha producido de forma homogénea en todas las CCAA. Se puede distinguir así, entre las denominadas comunidades históricas (Cataluña, Galicia y País Vasco), Andalucía y el resto de las regiones diferenciando dos etapas. Una etapa preautonómica: el proceso de transferencia de competencias (incluida materia laboral) se inició con anterioridad a la aprobación de sus respectivos estatutos de autonomía y, por tanto, antes de acceder formalmente a su autogobierno; y una etapa autonómica: con la publicación de sus respectivos estatutos de autonomía se declaran consolidadas las competencias recibidas en la fase preautonómica y en el caso de Galicia se amplían al nivel de las otras dos CCAA.

En Andalucía, particularmente, se establece un nivel competencial análogo al de las comunidades históricas desde la aprobación del estatuto autonómico, al haber accedido a la autonomía por la vía del artículo 151 de la CE, que permite un nivel autonómico pleno, en el marco de artículo 149, desde un primer momento. Por su parte, la Comunidad Valenciana y las Islas Canarias, inicialmente situadas en el marco competencial del artículo 148 de la CE, la ampliación de competencias al nivel del artículo 149, al que ya habían accedido las comunidades históricas y Andalucía, se produce muy tempranamente por la vía del artículo 150.2, esto es mediante sendas leyes de transferencia. Son pues pioneras en la ampliación de competencias por la vía de la transferencia.

En el caso de la Comunidad Foral de Navarra, accedió por una vía propia y diferenciada al nivel competencial del artículo 149, a través de la Ley Orgánica 13/1982, de Reintegración y Amejoramiento del Régimen Foral de Navarra (LORAFNA), que emana de la Ley paccionada de 1841, si bien el TC ha equiparado el régimen jurídico de Navarra al del resto de CCAA a efectos prácticos.

Finalmente, el resto de CCAA, habiendo accedido a la autonomía por la vía del artículo 143 de la CE, han asumido competencias en materia laboral con posterioridad a las anteriormente citadas, por la vía del artículo 150.2 de la CE, siguiendo la vía abierta por las CCAA de Canarias y Valencia, tras la reforma de sus respectivos Estatutos de Autonomía.

Analizando las distintas fórmulas de reparto competencial plasmadas en los Estatutos de Autonomía se puede diferenciar: el Estatuto de Autonomía del País Vasco de 1979 (EAPV). Establece que corresponde a la Comunidad Autónoma del País Vasco la ejecución de la legislación del Estado en una serie de materias, entre la que se encuentra la laboral, asumiendo las facultades y competencias que en este terreno ostentaba el Estado respecto a las relaciones laborales, así como la facultad de organizar, dirigir y tutelar, con la Alta Inspección del Estado, los servicios de éste para la ejecución de la legislación laboral.

A su vez, el EAPV dispone que las funciones de ejecución que el mismo atribuye al País Vasco en aquellas materias que no sean de su competencia exclusiva, comprenden la potestad de administración, así como, en su caso, la de dictar reglamentos internos de organización de los servicios correspondientes. En materia del sistema de Inspección de Trabajo y de Seguridad Social, se hizo efectivo el traspaso de los servicios, sumándose al de las funciones que ya tenía atribuidas, por el Real Decreto 895/2011.

El Estatuto de Cataluña (EAC) de 1979 recogía una fórmula inicial de contenido prácticamente idéntico al del EAPV, indicando que correspondía a la Generalitat de Cataluña la ejecución de la legislación del Estado en una serie de materias, entre ellas la laboral, asumiendo las facultades, competencias y servicios que en este ámbito y a nivel de ejecución ostentaba el Estado respecto a las relaciones laborales, sin perjuicio de la Alta Inspección de éste.

Sin embargo, el EAC del 79, a diferencia del EAPV, después de reconocer genéricamente la función ejecutiva en materia laboral a favor de la Generalidad, excluía expresamente de dicha atribución determinadas materias conservándolas así la Administración Central.

El vigente EAC, aprobado en 2006, amplía las competencias en materia laboral y de Seguridad Social, lo que supone un importante salto cualitativo. Al definir el concepto de competencias ejecutivas el vigente EAC dice que corresponde a la Generalidad la potestad reglamentaria, que comprende la aprobación de disposiciones para la ejecución de la normativa del Estado, así como la función ejecutiva, que en todo caso incluye la potestad de organización de su propia administración y, en general, todas aquellas funciones y actividades que el ordenamiento atribuye a la Administración Pública.

Este estatuto establece que corresponde a la Generalidad la competencia ejecutiva sobre la función pública inspectora en todo lo previsto en el propio estatuto. A tal efecto, los funcionarios de los Cuerpos que realizan dicha función dependerán orgánica y funcionalmente de la Generalidad. El traspaso efectivo de las funciones y servicios en materia de Función Pública Inspectora de la Inspección de Trabajo y de Seguridad Social se llevó a cabo por el RD 206/2010.

Y, por su parte, el resto de CCAA, han ido asumiendo competencias en materia laboral en los últimos años, precisando para ello la reforma de sus respectivos estatutos de autonomía, incluyendo fórmulas similares a las contenidas en el EAC de 2006. Cómo fórmula tipo se establece que corresponde a la Comunidad Autónoma, en los términos que establezcan las leyes y las normas reglamentarias que en su desarrollo dicte el Estado, la función ejecutiva en una serie de materias, entre las que figura la laboral, de conformidad con el número 7 del apartado 1 del artículo 149 de la CE, en lo que a dicha materia se refiere.

Bajo la rúbrica genérica de materias de trabajo, los respectivos reales decretos de transferencia atribuyen a las CCAA funciones y servicios que venía realizando la Administración del Estado, como: el conocimiento, tramitación y resolución de los expedientes relativos a recepción de las comunicaciones de aperturas de centros de trabajo; recepción de las comunicaciones de las empresas relativas a la realización regular de trabajo nocturno; funciones de la Administración laboral en matera de jornada, horario de trabajo, descanso semanal y horas extraordinarias; determinación de las fiestas laborales, en el ámbito de su competencia; trabajo de menores; o autorización de ETT, entre otras.

III. AUTOGOBIERNO Y POLÍTICAS PÚBLICAS DE PROMOCIÓN DE EMPLEO

Lo cierto es que las políticas públicas en materia de empleo tienen mucho que ver con el enfoque teórico desde el cual el gobierno correspondiente quiera vehicular dichas políticas dirigidas a determinados colectivos (Hierro,2021) del mercado de trabajo. Se observan, a grandes rasgos, dos claros enfoques diferenciados que también nos permiten distinguir entre medidas de corte más progresista o bien conservador.

Esto es, un planteamiento neoclásico que fija unas reglas de estabilización fiscal, un control del gasto público y una relativa flexibilidad laboral, especialmente en materia de salarios, indemnizaciones por despidos y contratación laboral. Por otro lado, la política de empleo y/o económica de carácter keynesiano, donde el gasto público es un factor clave y determinante, del mismo modo que se propone una regulación más rígida del mercado de trabajo en cuanto a protección social, salarios y acciones para combatir la precariedad laboral.

Con estas dos perspectivas, la mayoría de los gobiernos, según el signo político, tienen la capacidad, atendiendo a sus niveles de autogobierno en materia de empleo, de diseñar y ejecutar su planificación siguiendo una de las dos perspectivas: gobiernos de corte más progresista o de izquierdas optarán por políticas keynesianas y, por el contrario, ejecutivos conservadores mostrarán una tendencia más favorable a aplicar políticas neoclásicas de control del gasto público y flexibilidad laboral.

Es evidente que la regulación del mercado de trabajo es una condición *sine qua non* a cumplir por parte de las distintas administraciones competentes. Las cuestiones que se abordan desde una regulación nacional son las condiciones de contratación, jornada, horario, salario mínimo, descanso diario y jornada semanal, capacidad para contratar y extinción del contrato de trabajo, entre otras establecidas en el Estatuto de los Trabajadores. Con estos mimbres, por tanto, los gobiernos con competencias en materia de trabajo y empleo deben articular su política en dicho ámbito.

Las políticas de empleo, del mismo modo que sucede con los enfoques teóricos, también tienen dos perspectivas: la primera de ella la componen las políticas activas de empleo; y la segunda las políticas pasivas. Todas ellas, si bien es cierto, revisten una relativa complejidad, están interconectadas entre sí, deben, en cualquier caso, ser coherentes y ambas suponen eslabones importantes en las políticas desarrolladas por el conjunto de administraciones competentes.

Las políticas activas de empleo son aquellas que van dirigidas a fomentar la inserción laboral de las personas desocupadas e inactivas con el fin de mejorar sus condiciones de empleabilidad en aras de encontrar un empleo que se ajuste con sus características y deseos. En este sentido, no solo las posibilidades laborales son relevantes, sino que juegan un papel fundamental las estrategias familiares de movilización laboral, considerando también situaciones domésticas, de conciliación o de formación. La formación, precisamente, es uno de los aspectos más importantes en el cual se debe incidir por parte de las políticas activas de empleo, ya que los desempleados, mejorando su nivel formativo, están en una mejor disposición para encontrar un empleo que satisfaga sus pretensiones.

Los incentivos para que la búsqueda de empleo sea activa y efectiva, no solo un requisito para poder acceder a las políticas de protección por desempleo, son otros de los elementos puestos en marcha por los poderes públicos de forma simultánea a la detección y determinación de los colectivos más vulnerables o con mayores dificultades para acceder a un empleo. Los instrumentos que se han utilizado mayoritariamente por gobiernos de distintos niveles y orientaciones políticas en nuestro país y territorio han sido varios.

En primer término, como se adelantaba con anterioridad, la reorientación de las políticas pasivas de empleo hacia una búsqueda efectivamente activa del empleo por parte del desempleado inscrito en los servicios de empleo, en este caso, autonómicos. Ello implica un endurecimiento de los requisitos para acceder a prestaciones, condicionar el disfrute de las prestaciones a determinadas acciones en favor de la (auto) inserción laboral e incluso la retirada de la prestación debido al rechazo de un puesto de trabajo adecuado.

En segundo lugar, la mejora de la intermediación, coordinación y conexión entre la demanda de trabajo por parte de las empresas y la oferta de trabajo procedente de la mano de obra dispuesta a trabajar, es decir, los desempleados que desean incorporarse de forma activa al mercado laboral. Supuso un antes y un después la descentralización territorial de los servicios públicos de empleo, con el objetivo de acercar dichos servicios a las particularidades históricas, geográficas, socioculturales y económicas de las distintas regiones españolas. A la par de esta descentralización, la intermediación laboral en monopolio público pasó a coexistir con las llamadas ETT (Empresas de Trabajo Temporal) que hacen las veces de agencias privadas de colocación.

En tercer y último término, las políticas activas de empleo van acompañadas de medidas complementarias en el ámbito fiscal. En su mayoría, la forman un conjunto de incentivos fiscales a las empresas en materia de contratación, bonificando diversos impuestos si contratan desempleados, determinados colectivos, contratación indefinida y estable o bien subvenciones directas a la incorporación de nuevos trabajadores. El autoempleo, es decir, el impulso al trabajo autónomo o por cuenta propia ha tenido un papel relevante en los últimos años (especialmente en contextos de recesión económica como el período 2008-2015) siendo destinatario de numerosos incentivos fiscales al alta en el régimen especial de trabajadores autónomos (RETA).

Y, como telón de fondo, en una coyuntura europea y nacional (de 2020 en adelante) claramente expansiva, con un sostenido crecimiento económico y políticas de incentivo de gasto público por parte de la Unión Europea[2], la oferta de empleo público como uno de los principales impulsos[3] a la creación de puestos de trabajos en España.

En la otra vertiente de las políticas de empleo se encuentran las pasivas, fundamentalmente destinadas a mantener la renta de las personas desempleadas durante dicha situación. El instrumento principal destinado al mantenimiento de la renta de los desempleados es la prestación por desempleo, condicionada al tiempo que haya estado cotizando, a la cuantía salarial percibida mientras estaba trabajando y la situación personal y familiar del propio desempleado. En cualquier caso, una vez finaliza la prestación por

---

2 Sirva como referencia los Fondos Next Generation de la Unión Europea y el Mecanismo de Recuperación, Transformación y Resiliencia de la Administración General del Estado en España: https://planderecuperacion.gob.es/

3 *"El sector privado concentró la mayor parte del empleo creado a lo largo del último año, con la creación de 715.900 puestos de trabajo, hasta superar los 17,6 millones de empleos privados, frente a los 67.100 del sector público, que se sitúa en casi 3,6 millones de puestos de trabajo"* en Ministerio de Economía, Comercio y Empresa, 24 de enero de 2024. Disponible en https://www.lamoncloa.gob.es/serviciosdeprensa/notasprensa/economia-comercio-empresa/paginas/2024/260124-epa-4t-2023.aspx#:~:text=El%20sector%20privado%20concentr%C3%B3%20la,millones%20de%20puestos%20de%20trabajo.

desempleo existen subsidios que permiten, eso sí, en menor medida, mantener, al menos, unos ingresos mínimos.

En la actualidad, existen dos políticas de mercado de trabajo novedosas que tienen un gran impacto e incidencia en el empleo: la paulatina (y significativa) subida del salario mínimo interprofesional (SMI) desde 2019 a esta parte; y la propuesta de reducción de la jornada laboral a un máximo de 37,5 horas semanales, lo que podría denominarse una política de reparto del empleo. Especialmente la subida del SMI pretende combatir la precariedad laboral, eso sí, también reduce la disposición a la contratación por parte de las empresas debido a las expectativas de empleo, indemnizaciones por despido y la posibilidad de no asumir el salario y los costes sociales derivados del mismo.

La reducción de la jornada laboral propuesta en 2024 por el Ministerio de Trabajo y Economía Social del Gobierno de España y que pretende sea efectiva durante el año 2025 tiene un matiz de suma importancia: dicha reducción del tiempo de trabajo semanal no llevará aparejada la reducción proporcional del salario, es decir, la retribución actual de los trabajadores se mantiene amén de que su jornada se vea reducida en 2 horas y media semanales.

En particular, en la Comunitat Valenciana[4] en los últimos años según los informes de memoria socioeconómica del Comité Económico y Social de la región valenciana[5] se vislumbran las medidas

---

4 Si bien es cierto, en un contexto de reconstrucción económica y social debido a los efectos de la DANA de finales de octubre de 2024, las prioridades del Gobierno autonómico serán destinadas a paliar su impacto en términos de empleo, especialmente en la comarca de l'Horta Sud en la provincia de València. Véase, como ejemplo, el informe del Instituto Valenciano de Investigaciones Económicas: Maudos Villarroya, J. y Pérez García, F. (Dirs.). (2025). Alcance económico de la dana del 29 de octubre en la provincia de Valencia. *Generalitat Valenciana: Ivie.* Disponible en https://www.ivie.es/es_ES/ptproyecto/ivielab-alcance-economico-de-la-dana-del-29-de-octubre-en-la-provincia-de-valencia/

5 Documentos disponibles en https://www.ces.gva.es/es/contenido/documentos/memorias-socioeconomicas, en particular, la memoria de

adoptadas por el gobierno de la Generalitat Valenciana en cuanto a promoción del empleo. En el año 2023, el organismo encargado de coordinar y desarrollar los programas de fomento del empleo es el Labora, como servicio valenciano de empleo y formación. En marco de la estrategia española de activación para el empleo, vigente desde el 2021 hasta el 2024, la Comunitat Valenciana desarrolló diversas medidas para fomentar la contratación y la inserción laboral de las personas desempleadas en la región.

La formación y, concretamente, la formación profesional es uno de los ejes fundamentales para mejorar la inserción laboral. En el marco de la formación profesional se encuentra la propia formación profesional en el sistema educativo, la formación profesional dual y programas mixtos de empleo-formación, que se complementan con programas de apoyo a la creación de empleo. Del mismo modo que ocurre a nivel nacional, desde el ámbito autonómico no solo se ponen en marcha políticas activas de empleo, también políticas pasivas, destinadas a mantener el nivel de vida de aquellas personas que se encuentran en búsqueda activa de empleo.

En la Comunitat Valenciana son tres las herramientas fundamentales que se han empleado en los últimos años: prestaciones contributivas por desempleo, subsidios y renta activa de inserción. Dos tercios de los recursos económicos destinados a las políticas pasivas de empleo han sufragado las prestaciones contributivas por desempleo de los desocupados de la comunidad, donde el tercio restante se ha utilizado en subsidios. Un porcentaje del 3% se ha dedicado a la renta activa de inserción.

En este sentido, resulta fundamental la importancia que los gobiernos autonómicos otorguen a las políticas de empleo y si, ciertamente, suponen una prioridad para los mismos. La descentralización territorial de dichas políticas ha acercado los servicios a la ciudadanía, pero, sin embargo, todavía los recursos económi-

---

2023, Bloque II: Mercado de Trabajo, Políticas de Empleo y Relaciones Laborales, 508-542.

cos, materiales y humanos y el aprovechamiento de fondos procedentes de la Unión Europea, cuentan con un amplio margen de mejora en su desarrollo. Aunque, eso sí, la región valenciana es un ejemplo a seguir en cuanto a vertebración territorial y empleo a través de los acuerdos y pactos territoriales por el empleo que se han puesto en marcha en más de veinte comarcas de la comunidad.

IV. LOS PACTOS TERRITORIALES POR EL EMPLEO EN LA COMUNIDAD VALENCIANA

Los *stakeholders* institucionales y sociales de la Comunidad Valenciana son actores fundamentales para poder configurar los pactos territoriales como herramientas básicas para la promoción del empleo en el entorno. La década de los años ochenta supuso el punto de inflexión para las instituciones europeas en cuanto a las políticas de empleo siendo una prioridad para las autoridades comunitarias, dotando de recursos económicos dichos instrumentos a través de fondos europeos. Las dificultades sociales y económicas en el contexto de los años noventa dotan de una mayor relevancia a los pactos territoriales por el empleo. Así, distintos estados miembros de la unión[6] desarrollan esta herramienta para hacer frente a las elevadas tasas de desempleo, entre ellos, España y a los problemas derivados de la globalización (Caravaca Barroso et al., 2021) y la deslocalización y sus consecuencias en los mercados de trabajo locales.

Para entender la propia configuración de los pactos territoriales por el empleo, se deben analizar, en primer lugar, sus principales características[7]. Este acuerdo es fruto del consenso entre

---

6 Por ejemplo, Italia, Alemania, Portugal o Francia. Véase el segunda informe intermedio relativo a los Pactos Territoriales a favor del Empleo de la Comisión Europea en noviembre de 1999.

7 "*Los principios comunes para la elaboración de los Pactos Territoriales en favor del Empleo son la coherencia con los planes de actuación nacionales y las di-*

los distintos agentes implicados en la gobernanza sociolaboral del territorio, esto es, agentes sociales y administraciones públicas con competencia en la materia. De este modo, el consenso se consigue a través del diálogo social entre las diferentes partes que, evidentemente, cuentan con la característica común de estar circunscritas a un territorio determinado[8] en el cual desarrollan sus tareas.

Y, finalmente, los objetivos y criterios a seguir en la conformación de un acuerdo de notable significado como es un pacto territorial por el empleo: debe ser una iniciativa que surja de las necesidades del tejido productivo local, seguir una estrategia integradora y adaptar los recursos disponibles a las necesidades específicas de la zona.

En el año 1996, el Consejo Europeo de Dublín aprobó la elaboración de ochenta y nueve pactos territoriales por el empleo a lo largo y ancho del viejo continente. En el marco de esta prueba piloto, en España, se aprobaron los siguientes seis pactos: Bahía de Cádiz, en Andalucía; Vallès Occidental, en Cataluña; Cuencas Mineras de Asturias; Cuencas Mineras de Palencia y León, en Castilla y León; y los pactos de Ceuta y Melilla.

A partir del año 2000, la Unión Europea apuesta por promocionar este tipo de pactos a través de los fondos estructurales europeos. Es en los años 2000 y 2001 cuando en la Comunidad Valenciana se conforman los primeros pactos territoriales por el empleo. En el propio surgimiento y la posterior proliferación de los mismos alrededor de la región cabe identificar dos etapas (Ga-

---

rectrices en favor del empleo, programación de base territorial y la necesidad de medidas de asistencia técnica" en Lois González, R., Miramontes Carballada, Á., Piñeiro Antelo, Á. y Rodríguez González, R. (2005). "Los pactos territoriales a favor del empleo en España." *Boletín de la Administración General del Estado,* (39), 341.

8 Este puede ser una Comunidad Autónoma, una comarca o un territorio específico que revista ciertas características comunes como, por ejemplo, sucede con las cuencas mineras asturianas o leonesas.

llego y Pitxer, 2009) diferenciadas: una entre 2000 y 2001, y otra posterior entre los años 2004 y 2006. En la primera etapa, es decir, los pactos pioneros en la comunidad fueron los de l'Horta Sud y Horta Nord, La Vega Baja y el de la ciudad de València; en el segundo período se sumaron los cinco restantes como el Pacto de la ciudad de Elche, La Ribera, La Serranía, Valle de Ayora-Cofrentes y el del Valle del Vinalopó.

Profundizando en el análisis particular de cada uno de ellos, los nueve pactos territoriales están formados por, al menos, *stakeholders* públicos como son ayuntamientos o bien mancomunidades, y por actores sociales y empresariales, esto es, sindicatos y asociaciones empresariales. En el caso específico del pacto de la ciudad de València se incorporan asociaciones y fundaciones sin ánimo de lucro, así como, por ejemplo, instituciones universitarias como el Vicerrectorado de Empleo de la Universitat Politècnica de València.

El carácter supramunicipal de estos pactos es innegable, salvo en las excepciones de ciudades con una densidad de población importante como son València y Elche. En estas dos casuísticas, ambos municipios cuentan con una suficiente masa crítica tanto de habitantes, empresas, tejido social y asociativo, así como sindicatos y asociaciones empresariales de cierta envergadura.

Por el contrario, los otros pactos abarcan diversos municipios llegando hasta los 450.000 habitantes, aproximadamente, del Pacto Horta Sud, hasta los 10.000 y 18.000 habitantes, aproximadamente, que representan los pactos del Valle de Ayora-Cofrentes y el de la Serranía, respectivamente. Otros acuerdos también de carácter supramunicipal como los de l'Horta Nord o La Vega Baja suponen un ámbito de actuación de más de 275.000 y 380.000 habitantes, respectivamente. Unos radios de influencia nada desdeñables, por supuesto

Con absoluta certeza, estos acuerdos territoriales ayudan a dinamizar el tejido productivo, las redes de empleo y las dinámicas empresariales en una comarca donde confluyen diferentes municipios. En consonancia con la descentralización territorial de los servicios de empleo, la puesta en marcha de pactos territoriales en zonas determinadas que tengan aspectos sociolaborales comunes es la comprobación de que la tónica habitual en cuanto al desarrollo local es la alineación, entre otras, de las políticas de empleo *autóctonas*.

La estructura del mercado de trabajo en la Comunidad Valenciana está configurada por la propia red productiva y empresarial instalada en la región. El peso de la agricultura en determinadas zonas, el turismo en municipios costeros, la industria del azulejo en la provincia de Castellón o el calzado en la provincia de Alicante son factores y elementos que ayudan, a la par que determinan, la puesta en común de políticas territoriales por el empleo.

Las necesidades de fuerza de trabajo de las compañías afincadas en las comarcas, las posibilidades de crecimiento y futuro del sector, o bien la exigencia de reconversión y reciclaje de empleos debido a la deslocalización, son cuestiones que se deben tener en cuenta a la hora de abordar acuerdos territoriales en materia de políticas sociolaborales. Así se ha producido en el caso de la Comunidad Valenciana donde una buena muestra de ello ha sido el Pacto Elche, donde la crisis del sector del calzado acrecentó la exigencia de poner encima de la mesa medidas de carácter sociolaboral, especialmente, para hacer frente a los trabajadores afectados por dicha crisis.

Pero ¿del germen de los pactos territoriales por el empleo de inicios de los años 2000 cuál ha sido la evolución del instrumento? Bien, según datos[9] de Pactem Comunidad Valenciana, en el año 2018 el número total de pactos y acuerdos territoriales por el empleo en la región es de veinticinco, repartidos en seis de ellos en la provincia de Alicante, nueve en la provincia de Castellón y diez en la provincia de Valencia. Estos datos ejemplifican e ilustran la

---

9 Listado De Pactos y Acuerdos Territoriales por el Empleo en la Comunidad Valenciana en 2018. Disponible en https://pactemcv.es/pactos-vigentes-en-cv/

evolución positiva que ha tenido la herramienta en cuanto a su arraigo y capilaridad en el territorio valenciano.

Ahora bien, como todos los procesos de consenso, acuerdo y desarrollo territorial, no están exentos de riesgos. Las principales cuestiones que diferencian al conjunto de pactos y acuerdos territoriales por el empleo de la Comunidad Valenciana son su propio modelo organizativo y las entidades que los conforman.

Desde una perspectiva de adaptación de las políticas de empleo a la comarca, podría observarse el requisito de poner en marcha medidas específicas teniendo en cuenta la coyuntura de cada zona, es decir, no serían las mismas políticas las llevadas a cabo en el pacto de los municipios con influencia del sector cerámico en Castellón que aquellos que formen parte del acuerdo en la comarca de La Safor. Parece lógico, pues, en realidad, sus dinámicas sociolaborales y las principales fuentes de riqueza, empleo y prosperidad en ambas comarcas están claramente diferenciadas y, habida cuenta de ello, las políticas de empleo (o algunas de ellas) deberán ser necesariamente diferentes.

Sin embargo, aceptando la diferenciación en cuanto a las políticas de empleo, debiera de ser un elemento básico y común el modelo organizativo del conjunto de pactos y acuerdos territoriales por el empleo. Véase, como referencia, la disparidad de entidades que conforman los pactos mencionados en el anterior párrafo.

El Pacto Territorial por el Empleo de los Municipios Cerámicos y su área de influencia en la provincia de Castellón está formado por, únicamente, diez municipios (administraciones públicas) de la zona y su gestión corresponde a una entidad de Derecho Público dependiente del Ayuntamiento de Onda. Su órgano interno de gobierno es un Consejo Rector y, dentro de su configuración no se encuentran adheridos ninguna asociación empresarial, ningún sindicato ni tampoco cualquier otra entidad como fundaciones o asociaciones de otro tipo.

Por otro lado, el Acuerdo Territorial para la Ocupación y el Desarrollo Local de la Comarca de La Safor lo forman la Mancomunidad de la propia comarca, el Ayuntamiento de Gandía, la Federación de Asociaciones Empresariales de La Safor y el sindicato UGT del País Valencià. Vemos, que el acuerdo de la comarca de La Safor está suscrito tanto por administraciones públicas como por agentes sociales, aunque, únicamente, haya representación de uno de los sindicatos mayoritarios y más representativos. Su modelo de gobierno consiste en una presidencia, que la ostenta la Mancomunidad de La Safor, y en un comité de dirección donde están representados cada una de las instituciones firmantes del pacto.

Realizando una sucinta comparativa entre ambos pactos y sus respectivos integrantes y modelos organizativos encontramos significativas diferencias. La primera de ellas es la participación en los acuerdos de los agentes sociales, puesto que si estamos ante el reto del fomento del empleo resulta lógico, incluso necesario, que los agentes locales se impliquen en estos mecanismos. La segunda, es el órgano de gobierno y de dirección, acordado de forma autónoma por los propios integrantes pero que cada uno de ellos se rige por un sistema diferente.

Una cierta unidad en cuanto a su integración y la participación (*quasi* obligatoria y necesaria) de los agentes sociales, así como un consejo de gobierno relativamente común en el conjunto de acuerdos y pactos territoriales por el empleo en la Comunidad Valenciana dotaría a estas herramientas, en un sentido formal y material, de una homogeneidad que permitiría estructurar mejor sus acciones. Amén, ello, de fomentar la colaboración y el intercambio de acciones y políticas entre las diferentes comarcas, especialmente aquellas limítrofes y que puedan tener más semejanzas en sus dinámicas sociolaborales.

En cualquier caso, el diagnóstico previo de la coyuntura, de las estructuras y, en definitiva, de las características sociolaborales del entorno *ex ante* de la firma de un acuerdo de estas dimensiones, es un elemento que se ha introducido de forma acertada como un punto de partida. Por ahora, una vez se han implantado y afianzado los pactos territoriales por el empleo en la región, el siguiente paso es desarrollar un mecanismo eficiente y exhaustivo de evaluación de éstos para, de ese modo, ajustar y mejorar aquellas cuestiones que sean necesarias en un futuro. En definitiva, de poder seguir mejorando las redes de empleo de la ciudadanía residente en las comarcas de la Comunidad Valenciana.

V. CONSIDERACIONES FINALES

A la luz de lo estudiado y analizado en las páginas precedentes, desde, es cierto, una perspectiva amplia (pero valenciana) del autogobierno y de las políticas de promoción del empleo así como de la participación en la configuración de las mismas, podrían extraerse, a modo de conclusión, las siguientes reflexiones:

- La primera de ellas es el marcado carácter de autogobierno que revisten las políticas de empleo y sus derivadas como, por ejemplo, las de formación para el empleo. A raíz de la descentralización territorial de servicios, a causa del desarrollo del estado de las autonomías y la asunción competencial por parte de los gobiernos regionales, las políticas de empleo, probablemente junto a las educativas y sanitarias, sean las más importantes a nivel autonómico.
- La segunda consideración final es la coherencia; el encaje de los pactos territoriales por el empleo en la Comunidad Valenciana con la apuesta de la Unión Europea y la descentralización de los servicios en España. Estos instrumentos casan perfectamente con las políticas de administraciones públicas nacionales y supranacionales en favor de la cohesión territorial, el desarrollo local y la participación.
- La tercera reflexión es la evolución y la consolidación desde un punto de vista regional y valenciano. De los primeros pactos suscritos en los años 2000, cuatro de ellos y, a mediados de la década cinco más, es decir, un total de nueve, en la actualidad contamos con más de veinticinco acuerdos y pactos territoriales por el empleo, lo que nos lleva a concluir que es un instrumento válido, utilizado, arraigado, afianzado y consolidado en la Comunitat Valenciana.

- La cuarta, y quizás conclusión, no tanto reflexión, tal y como reza el título del estudio, es la clara influencia de los actores (*stakeholders*) institucionales y locales en las políticas de empleo en las comarcas valencianas. Incluso, se hace imprescindible dicha influencia tanto en la puesta en marcha como en el desarrollo de un acuerdo de estas características por su nivel de conocimiento de la comarca, por los recursos y por la capacidad aglutinadora de administraciones y agentes sociales con presencia territorial.
- En quinto lugar: los retos de futuro, la competencia y competitividad y las tendencias "deslocalizadoras" en el mercado de trabajo. En este sentido, los pactos y acuerdos territoriales por el empleo deben, también, en un presente y futuro inmediato, mirar hacia la atracción de posibles nuevas inversiones en la zona y que permitan, con ello, la formación y posterior empleabilidad de la ciudadanía desocupada local. La provincia de Valencia, por ejemplo, es una buena muestra de ello con las inversiones empresariales que se van a llevar a cabo tanto en Sagunto como en Moncada.
- Por último, como aspecto de mejora, la necesidad de unificación y participación de los agentes sociales en todos y cada uno de los pactos territoriales por el empleo en nuestras comarcas. La disparidad de entidades que los conforman, de órganos de gobierno y de modelos organizativos hacen que no guarden una uniformidad necesaria que permita identificar los acuerdos de y para la Comunidad Valenciana.

VI. REFERENCIAS BIBLIOGRÁFICAS

Caravaca Barroso, I., Méndez Gutiérrez del Valle, R. y Revel, J.F. (2021). *Globalización y territorio: mercados de trabajo y nuevas formas de exclusión*. Universidad de Huelva.

Cavas Martínez, F. y Sánchez Trigueros, C. (2005). "La distribución de competencias entre el Estado y las Comunidades Autónomas en materia de trabajo, empleo y protección social: una sinopsis." *Anales del Derecho,* (23), 103-128.

Fernández Segado, F. (1994). "Distribución de competencias en la Constitución española." *Revista de Derecho,* (5), 39-51.

Gallego Bono, J.R. y Nácher Escriche, J.M. (2003). "Consenso y políticas de desarrollo local: una aplicación al caso valenciano." *Ciudad y Territorio, Estudios Territoriales,* (135), 53-73.

Gallego Bono, J.R. y Pitxer i Campos, J.V. (2009). "Políticas locales participativas y desarrollo territorial: los pactos territoriales por el empleo en el País Valenciano." *Arxius de Ciències Socials,* (21), 31.

Hierro Hierro, J. (2021). *Políticas públicas de fomento del empleo: colectivos beneficiarios.* Dykinson.

Lois González, R., Miramontes Carballada, Á., Piñeiro Antelo, Á. y Rodríguez González, R. (2005). "Los pactos territoriales a favor del empleo en España." *Boletín de la Administración General del Estado,* (39), 341.

Maudos Villarroya, J. y Pérez García, F. (Dirs.). (2025). Alcance económico de la dana del 29 de octubre en la provincia de Valencia. *Generalitat Valenciana: Ivie.*

Nonell, R. y Medina Iborra, I. (2021). "Buen gobierno e instituciones del mercado de trabajo." *Papeles de economía española,* (168), 106-126.

Sempere Navarro, A.V. (1990). "Ordenamiento laboral español y comunidades autónomas" en AAVV. *Tendencias actuales de Derecho del Trabajo.* Universidad de Murcia. 421 y ss.

DON'T STOP ME NOW. Nuevas posibilidades y algunos retos para la participación de las personas con discapacidad en la Comunitat Valenciana

ANNA BUCHARDÓ PARRA[1]
Profesora Ayudante Doctora de Derecho Constitucional
Universitat de València

"No necesito que sea fácil, sólo que sea posible."

BETHANY HAMILTON

I. INTRODUCCIÓN

Nadie podría negar que la situación de las personas con discapacidad ha experimentado un avance significativo tanto en su consideración como ciudadanas y ciudadanos como en la comprensión y garantía de sus derechos. Los años han traído mejoras en distintos ámbitos, pero quizás uno de los más relevantes ha sido la apuesta firme, aunque tardía por la consideración de las personas con discapacidad como sujetos plenos de Derecho y su reconocimiento como tales en la Constitución española reformulando el artículo 49[2].

---

1 Miembro del grupo de investigación de la UV GIUV2016-270 *Règim jurídic constitucional de les llibertats, el govern obert i l'ús de les noves tecnologies.*

2 Reforma del artículo 49 de la Constitución Española, de 15 de febrero de 2024. «BOE» núm. 43, de 17 de febrero de 2024, páginas 19462 a 19471. https://www.boe.es/buscar/doc.php?id=BOE-A-2024-3099

La reforma de nuestra Norma Fundamental coloca a España en una mejor posición respecto a las obligaciones internacionales que casi 16 años atrás decidió asumir en el marco de los derechos de las personas con discapacidad. Una modificación necesaria y por necesaria y fruto de algunos desacuerdos en esencia políticos, probablemente ya desfasada en algunos aspectos. Como parte de su organización territorial, la Comunitat Valenciana demostró ser en su momento abanderada del respeto por los derechos de las personas con discapacidad reformando —en parte como lo haría el Estado español más tarde, en 2024— el Estatuto de las personas con discapacidad valenciano explicitando que "(…) nos encontramos ante una ley valenciana que no recoge los postulados de la convención de la ONU y que, por tanto, requiere una adaptación…"[3]. Precisamente al concluir que la toma de mayor conciencia respecto a las personas con discapacidad y la protección de su dignidad como personas ya aconsejaba en 2018 que determinadas formas de referirse al colectivo fueran eliminadas. No obstante, esta modificación no se ha trasladado a la norma fundamental valenciana y por este motivo podemos afirmar que el *Estatut* valenciano debería ser actualizado por coherencia.

Pese a los pasos adelante, cabe decir que todavía hoy hay derechos que las personas con discapacidad no pueden ejercer de manera efectiva o al menos —y puede que de manera más invisible— no todas. Lo cierto es que a pesar del claro reclamo del Tercer sector —tan relevante para los derechos de las personas con discapacidad, de todas—, en aras del reconocimiento del fundamental papel de la participación en sociedad para la efectividad de sus derechos, seguimos con deberes pendientes. Ello cuando una participación bien articulada ha demostrado ser uno de los vehículos más útiles para articular políticas que funcionen y que resuelvan las dificultades con las que también en este caso las personas con discapacidad pueden encontrarse a la hora de ejercer sus derechos.

---

[3] Ley 9/2018, de 24 de abril, de modificación de la Ley 11/2003, de 10 de abril, sobre el estatuto de las personas con discapacidad, art.1.

Es así como, el derecho fundamental clásicamente asociado a la participación ciudadana y a la condición misma de ciudadana o ciudadano, el derecho de sufragio activo, sigue siendo una cuestión no resuelta en la actualidad pese incluso a las reformas legislativas que hemos experimentado. Cabe añadir, en la otra cara de la moneda, el derecho de sufragio pasivo que en su ejercicio deja evidencia de la falta de representatividad de determinados colectivos de personas con discapacidad.

Precisamente en aras de no dejar a nadie atrás una vez iniciado este camino de avance, se propone no sólo reforzar las medidas para la efectividad de estos derechos en el caso de una persona con discapacidad sino además y quizás como novación —aunque no tan nueva— en este campo, atender las diferencias que representan las personas que forman parte de este colectivo a la hora de ejercer los derechos. La primera propuesta permitiría seguir ahondando en la eliminación de la discriminación estructural directa e indirecta que una persona con discapacidad puede experimentar en sociedad. La segunda propuesta, permitiría evitar un tipo de discriminación adicional creada por el enfoque de las políticas sobre la discapacidad, que además de ser indirecta, es la que hoy en día genera buena parte de las barreras al ejercicio de sus derechos en igualdad de oportunidades.

II. LA PARTICIPACIÓN COMO VIA PARA LA EFECTIVIDAD DE LOS DERECHOS DE LAS PERSONAS CON DISCAPACIDAD: LA FALTA DE ACCESIBILIDAD UNIVERSAL COMO CONDICIONANTE Y LO QUE LA REFORMA DEL ART. 49 CE HA DEJADO PENDIENTE

Por definición, los derechos son inalienables e interdependientes, entre otras características históricamente conocidas. Sin embargo, en algunas ocasiones no resulta tan evidente ni lo uno ni lo otro cuando alguien puede decidir sin una justificación objetiva ni legítima que se explicite quién puede ejercer qué derechos o cuando alguien que puede ejercer uno de estos derechos se ve imposibilitado de poder ejercer otros que le permitirían ejercer el primero mejor.

Pongamos por caso el derecho al trabajo de una persona con discapacidad que requiere de esta especificación dado que pese a que es un derecho de toda persona requiere de ciertas medidas adicionales para que lo ejerza en igualdad de condiciones con el resto de las personas. Siguiendo con el ejemplo, a finales del año 2022, el Comité de derechos de las personas con discapacidad de las Naciones Unidas recordaba que la libertad sindical o el derecho de huelga son un medio esencial para tener condiciones laborales más justas y solicitaba a los sindicatos que "admitieran, aceptaran y permitieran" la participación de las personas con discapacidad en sus estructuras[4]. Y, aunque los verbos utilizados no son los más idóneos porque presuponen que la sociedad de los pretendidos adalides de la normalidad es la que una vez más, en este ámbito, escoge quién puede formar parte: ¿de qué otra manera sus prioridades serán escuchadas y participarán en los procesos de decisión pese a estar ejerciendo su derecho al trabajo?

Este ejemplo es uno de tantos para hacer patente la relación intrínseca no sólo entre los derechos de una persona sino también entre los derechos y el más genérico derecho a la participación que por tanto es considerado fundamental dos veces, una como derecho específico y otra como complemento de cualquier otro derecho. De qué otra manera podríamos evitar las políticas encaminadas a un colectivo que no lo han tenido en cuenta y suponen un fracaso, así como un despilfarro de recursos de todo tipo. De qué otra manera conseguir un equitativo desarrollo social.

La participación de toda la ciudadanía que ha de facilitarse en todos los ámbitos de la vida política, económica, cultural y social según el mandato del art. 9.2 de la Constitución española justo

---

4 Observación general núm. 8 (2022) sobre el derecho de las personas con discapacidad al trabajo y al empleo del Comité sobre los Derechos de las Personas con Discapacidad de las Naciones Unidas. CRPD/C/GC/8 Aprobada por el Comité el 9 de septiembre de 2022. Párr.31.

puede posibilitar contar con una sociedad abierta y plural en la que sea más factible la efectividad de los derechos. Y, del mismo modo, posibilita la conexión entre ciudadanía y centro de poder y decisión real que en definitiva refuerza la legitimidad de los poderes públicos[5] y esto es bueno para toda la sociedad.

En la actualidad, es cierto que fruto de los avances, hemos abandonado la costumbre de prescindir de base de sus opiniones y preguntar a las tradicionales organizaciones para personas con discapacidad[6]. Pero, al mismo tiempo, sigue siendo cierto que todavía hoy encontramos barreras jurídicas, barreras de comunicación, barreras económicas y sociales, así como, entre otras, barreras actitudinales a su participación en la vida pública. Y ello al final se traduce en que o no se les pregunta, o no se les pregunta a todas y todos —entendiendo por todas y todos a una muestra representativa de las diferentes discapacidades— o se les pregunta, pero no tienen información que puedan entender y a tiempo para responder adecuadamente. Y ninguna de estas situaciones se corresponde con lo que entendemos por participación.

En otro lugar de esta misma investigación se afirmaba que la reciente reforma del único artículo específico para las personas con discapacidad en la Constitución española está probablemente ya desfasada. No es esta una cuestión poco relevante puesto que ni siquiera el texto en su actual letra se corresponde con lo que la propuesta de reforma hecha en mayo de 2021 decía[7].

---

5 Leturia Navaroa, A., "El derecho a la participación educativa a la luz de la LOE", *LAICIDAD Y LIBERTADES*, N° 6, 2006, pp.174 y ss.

6 Observación general núm. 7 (2018) sobre la participación de las personas con discapacidad, incluidos los niños y las niñas con discapacidad, a través de las organizaciones que las representan, en la aplicación y el seguimiento de la Convención del Comité sobre los Derechos de las Personas con Discapacidad de las Naciones Unidas. CRPD/C/GC/7 Aprobada por el Comité el 21 de septiembre de 2018. Párr.5-16.

7 Puede verse la propuesta en: https://www.congreso.es/public_oficiales/L14/CONG/BOCG/A/BOCG-14-A-54-1.PDF

En primer lugar, la propuesta iniciaba el artículo 49 con la frase "las personas con discapacidad son titulares de los derechos..." y en el artículo reformado se escoge la frase inaugural de "las personas con discapacidad ejercen los derechos". Lo entendemos como una evolución puesto que no sólo tienen la titularidad, cuestión que quizás en algunos casos ya tenían y más en los últimos años con las reformas legislativas españolas en la materia, sino que se pone por escrito que los ejercen, sin matices. Si bien también es igualmente cierto, en segundo lugar, que el apartado inicial propuesto no sólo dejaba claro que las condiciones para el ejercicio de estos derechos tienen que ser de libertad e igualdad reales y efectivas —como hace su actual redacción— sino que además acompañaba estas condiciones dejando claro que per se no son suficientes y que por tanto hay que recordar que no puede producirse discriminación. La explicación hay que encontrarla en el propio argumento que se sostiene en este trabajo. Puesto que no se está afirmando que las políticas, la normativa etc. se adopten o promulguen con el objetivo de dejar fuera a una parte de la sociedad —o de las personas con discapacidad— por no haber tenido en cuenta sus circunstancias. Pero la realidad da muestra de que, pese a que lo que se busca es precisamente la igualdad y libertad reales y efectivas, aun no siendo su intención, dichas condiciones supuestamente en igualdad real y efectiva, así como libertad —entendemos para hacer, no hacer o para elegir— siguen provocando discriminación que además ahora es selectiva. Alguien podría afirmar en tercer lugar, que, en su actual versión, el artículo añade que se regulará mediante ley la protección especial que sea necesaria para el ejercicio de sus derechos. Sin embargo, puede que esto sea dar dos pasos atrás ya que de un lado el término especial se considera peyorativo en este ámbito y sigue siendo algo contrario a lo que supuestamente es normal —en otro apartado se dice específico acertadamente—. Y de otro lado, porque no necesitan protección —de nuevo en una visión pasiva del colectivo—, lo que necesitan es garantía y efectividad a través de la accesibilidad universal y los ajustes razonables que sean necesarios y que además son obligatorios.

Dado que no es objeto de este trabajo tratar la reforma constitucional reciente, sencillamente cerramos esta consideración añadiendo que parece que en la actualidad se es consciente también normativamente —y ello es positivo— de que el colectivo de personas con discapacidad no es homogéneo. Lo podemos observar tanto en la propuesta de reforma como en el artículo en vigor cuando se afirma que se atenderán de manera particular las necesidades específicas de niñas y mujeres con discapacidad. Y es cierto que son subgrupos que pueden estar en una situación de mayor vulnerabilidad, pero dado que no cerramos el artículo 49 (Buchardó, 2023) como lo hacía la propuesta —dejándolo abierto a la posible mejora internacional en la garantía de sus derechos— y que otros factores como la edad o el tipo de discapacidad no se incluyen, ni siquiera su interseccionalidad, el artículo está incompleto.

Retomando el derecho a la participación como ejemplo de algunas cuestiones pendientes y de la falta de diferenciación, pese a los progresos, nadie podría discutir que la posibilidad de participar en la vida pública pero también en la vida política tiene una importancia destacable para una persona con discapacidad. No sólo como derecho cuyo ejercicio se ha de facilitar, sino que en su estatuto como ciudadanas y ciudadanos ocupa un lugar relevante para ellas y ellos. Como muestra y si hablamos de la participación política, resulta cuanto menos destacable que en los distintos Estados de la Unión Europea, entre ellos, España, se evidenciara ya en 2015 que las personas con discapacidad son más propensas a afiliarse a partidos políticos que el resto de la sociedad pese a que la mayor parte de sus actividades no eran accesibles[8] por aquel entonces.

El Instituto Nacional de Estadística español, para las últimas elecciones generales arrojó algunos datos interesantes al analizar

---

8 European Union Agency for Fundamental Rights, "Partidos políticos. Los votos de las personas con discapacidad también cuentan", *Oficina de Publicaciones de la Unión Europea*, Luxemburgo, 2015, doi:10.2811/87154.

cuáles habían sido los colectivos de personas con discapacidad que habían experimentado ninguna o alguna dificultad incluso impeditiva a la hora de ejercer su derecho a voto[9]. Por una parte, y si consideramos aquellas personas que experimentaron alguna dificultad que les impidió votar, encontramos siguiendo la denominación de la web que las personas con discapacidad sensorial afectadas por esta circunstancia representan el 6,3% —visión— y el 5,42% —audición—, las personas con una discapacidad física el 8,55% y las personas con discapacidad intelectual el 17,61%. De estas cifras, en la comparación entre mujeres y hombres, puede apreciarse mayor porcentaje de mujeres impedidas de poder votar en las mujeres con discapacidad sensorial y en las que tienen una discapacidad intelectual. En el caso de la discapacidad física, el porcentaje es prácticamente el mismo en ambos sexos. Por otra parte, y si consideramos aquellas personas con discapacidad que no experimentaron ninguna dificultad, encontramos cifras positivas pero mejorables, en el caso de la discapacidad sensorial un 90% aproximadamente, en la discapacidad física, casi el 88% y en la discapacidad intelectual un 76%. Como puede observarse, la diferenciación que en toda esta investigación se destaca como necesaria, puede verse también en estos datos. Sin embargo, como en toda estadística, cabe plantearse, quién decide los factores que se miden en esta encuesta o a quién ha consultado, teniendo en cuenta a quién para considerar que es un obstáculo, y si las dificultades para desplazarse al colegio electoral, la accesibilidad o poder usar el voto por correo —que son los factores que específicamente concreta la encuesta como obstáculos— abarcan cualquier dificultad. Dicho de otra manera, quizás estos números no son los definitivos precisamente porque, aunque diferencia por discapacidad en la medición, las dificultades que mide les vuelven a homogeneizar. ¿Están aquí incluidas también cuestiones como

---

9 INE, Discapacidad. Cifras relativas, Dificultades en las últimas elecciones para ejercer el derecho al voto por sexo y grupo de discapacidad. Población de 18 y más años con discapacidad. https://www.ine.es/jaxi/Datos.htm?tpx=51918#_tabs-tabla

la accesibilidad cognitiva de los programas, mítines o de las papeletas?

Es bien sabido que el año 2018 supuso un hito para el derecho a la participación política de las personas con discapacidad ya que tras la reforma de la Ley Orgánica 5/1985 de Régimen Electoral General, se garantizaba este derecho para todas ellas. En particular y tal y como precisa su preámbulo, esta reforma tiene por objetivo la reintegración plena en su derecho de la personas con una discapacidad intelectual o psicosocial afectadas por la anterior redacción de esta ley. A partir de este momento, en España:

> *"Toda persona podrá ejercer su derecho de sufragio activo, consciente, libre y voluntariamente, cualquiera que sea su forma de comunicarlo y con los medios de apoyo que requiera[10]".*

Esta reforma y todas las que vinieron después en materia de discapacidad han abierto un camino deseable pero quizás haría falta una concreción de estos avances y de cómo materializarlos, que todavía no ha llegado (Sánchez Muñoz, 2020).

En primer lugar, porque parece que esta última consideración en el artículo y su alusión a los medios de apoyo que requiera cada persona significaría una suerte de prestaciones de distinto calado que las ciudadanas y ciudadanos, en este caso con discapacidad, podrían exigir del Estado y sus estructuras. Sin embargo, no está tan claro que lo puedan hacer, al menos de momento ni tampoco lo que pueden solicitar. Es cierto que los medios de apoyo que requiera es una expresión que incluye cualquier dificultad a priori y que por tanto podría servir de vehículo para abordar la diferenciación que es necesaria. No obstante, necesita ser precisada no sólo en lo que al final puede solicitarse si es que puede solicitarse

---

10 Artículo 3.2 de la Ley Orgánica 5/1985, de 19 de junio del Régimen Electoral General. BOE nº147, de 20/6/85. Modificada por la Ley Orgánica 2/2018, de 5 de diciembre, para la modificación de la Ley Orgánica 5/1985, de 19 de junio, del Régimen Electoral General para garantizar el derecho de sufragio de todas las personas con discapacidad.

sino a quién, cómo y quién lo costea —porque habrá que prever recursos económicos también— y qué ocurre si no se les facilita.

Otra cuestión relacionada con la anterior es que no sabemos si estos apoyos deberían estar antes o son coetáneos al momento de ejercer el derecho a voto, ya que si son en ese momento la responsabilidad queda en manos de la Administración electoral que puede o no tenerlos y que tampoco tiene indicadores o criterios claros para tomar decisiones de este tipo. Lo que, al final, no garantiza lo que la ley exige, que el voto se ejerza de forma consciente, libre y voluntaria.

Hoy en día y tras la reforma que no afectó a este precepto, la norma de régimen electoral española prevé en un único artículo, el artículo 87, ciertas particularidades previstas para las personas con discapacidad que podemos entender son fruto de la voluntad del legislador de facilitar el ejercicio de su derecho al voto. Con esta intención se determinan algunas adaptaciones para las personas que no sepan leer o que por discapacidad estén impedidos de elegir la papeleta, colocarla dentro del sobre y entregarla a la Mesa. Y, añade, que para aquella persona que necesite de los apoyos, —que según el tenor literal del artículo serían los que cada persona requiere— una persona de confianza pueda servirle para estas tareas, esto es, un voto asistido. Si seguimos en este mismo artículo, su segundo apartado prevé un procedimiento específico de voto para garantizar su secreto en el caso de una persona con discapacidad visual, lo que denomina la norma un voto accesible.

Compartimos la tesis de Sánchez cuando afirma que no es adecuado extender la posibilidad de contar con una persona de confianza a las personas con discapacidad intelectual por ejemplo porque podría verse comprometida su libertad de decisión e incluso suplantada[11]. Aunque tampoco hasta el punto que considera Gálvez, puesto que no sólo las personas con discapacidad intelectual pueden ver comprometida su libertad de elección al ayudarse de otra persona —por no hablar de los sesgos confirmatorios en

[11] Ibídem, p. 68.

casi toda la información que nos llega hoy. Tampoco presentan una falta absoluta de autodeterminación personal dicho en términos generales como haría el autor y que anteriormente tan sólo a ellos se les pudiera someter a un examen de capacidad electoral que no se exigía al resto de la población sí era discriminatorio (Galvez,2020). No obstante, añadimos a lo considerado por Sánchez que la primera impresión que deriva de leer este artículo es que comparamos personas con discapacidad a efectos de necesidad de apoyos con las personas analfabetas cuando son realidades distintas y atendido que redunda en el constructo histórico de que las personas con discapacidad intelectual son personas sin formación, esto es reduccionista y al mismo tiempo discriminatorio (Buchardó, 2022).

El segundo apartado, es el resultado de una diferenciación deseable para las personas con una discapacidad visual que cuentan al menos en la teoría con un voto accesible. Repetimos que, aunque es positiva esta previsión, al mismo tiempo y en línea con el argumento principal de esta investigación, abre una vía de discriminación indirecta hacia personas con otro tipo de discapacidades que, en caso de necesitar apoyo, sólo podrán valerse de otra persona. Así las cosas, este voto asistido podría estar privando a las personas con otras discapacidades de autodeterminarse políticamente y, por tanto, de participar libremente (Pérez Alberdi, 2021).

Lo que la igualdad y libertad reales y efectivas del art. 49 de la Constitución española pide para el derecho a la participación política —art. 23— en conjunción con el art. 14 y el art. 9.2 que contempla el deber de remover todos los obstáculos, es accesibilidad universal y ajustes razonables. Y es que a lo que España está obligada y no sólo internacionalmente a tenor de la reforma de la LOREG y de otras nuevas normas, es a que las personas con discapacidad, todas, puedan ejercer su derecho por sí solas con los apoyos que requieran y tener la opción en su caso de escoger a una persona de apoyo pero que no sea la única opción.

De un lado, la accesibilidad ha experimentado en España una evolución notable pero inacabada porque ha de ser universal y al mismo tiempo tardía porque es un requisito previo de las estructuras y servicios. Desde el año 2013 contamos con una norma que regula los derechos de las personas con discapacidad y su inclusión social[12]. En esta ley, se nos da una definición de esta accesibilidad universal en el artículo 2 como condición a cumplir —por tanto, previa— por los entornos, procesos, servicios, instrumentos etc. Incluyendo en la misma definición la accesibilidad cognitiva que permita la fácil comprensión, comunicación e interacción de todas las personas sin perjuicio, sigue la norma, de los ajustes razonables que deban adoptarse.

Esta ley fue modificada en el año 2022 para establecer y regular la accesibilidad cognitiva y sus condiciones de exigencia y aplicación[13]. En su ámbito de aplicación, se incluyen por ejemplo los procesos electorales y se especifica que el Gobierno regulará las condiciones básicas para la accesibilidad y no discriminación que garantice los mismos niveles de igualdad de oportunidades a todas las personas con discapacidad. Dicha regulación será gradual en el tiempo, en el alcance y las obligaciones impuestas, dicta la norma. Finalmente, se añade un nuevo artículo sobre las condiciones básicas de accesibilidad cognitiva como un conjunto de exigencias, requisitos, normas, parámetros y pautas que son precisas para promover el desarrollo humano y la máxima autonomía individual de todas las personas. Como disposición adicional primera se pide que el Gobierno en 2 años máximo realice un estudio específico de diagnóstico de esta accesibilidad cognitiva —que no hemos encontrado publicado— y en la segunda, que en tres años máximo apruebe un reglamento que desarrolle estas

---

[12] Real Decreto Legislativo 1/2013, de 29 de novembre, por el que se aprueba el Texto Refundido de la Ley General de derechos de las personas con discapacidad y de su inclusión social.

[13] Ley 6/2022, de 31 de marzo, de modificación del Texto Refundido de la Ley General de derechos de las personas con discapacidad y de su inclusión social, aprobado por el Real Decreto Legislativo 1/2013, de 29 de novembre, para establecer y regular la accesibilidad cognitiva y sus condiciones de exigencia y aplicación.

condiciones básicas de accesibilidad cognitiva —en 2023 se aprueba un reglamento basado en un estudio de 2017 y en el que ni una vez aparece la palabra cognitiva[14]. Y, como suele ocurrir, se especifica que los recursos económicos con los que se cuenta para desplegar estas deseables actuaciones son los disponibles, sin que hayan de precisarse recursos adicionales.

Recordemos que el derecho de las personas con discapacidad, de todas, a votar y a ser elegidos —aspecto del que diremos alguna cosa en el siguiente apartado— es un componente esencial del derecho a participar ya que permite ser escuchados en primera persona y promover directamente sus derechos e intereses[15]. Recordemos también que escucharlos no puede ser una mera formalidad, sino que debe reflejarse en las decisiones adoptadas[16]. Recordemos que ello exige en distintos ámbitos el acceso a tiempo a información pertinente y accesible incluyendo los sitios web y con los ajustes razonables que sean necesarios. Y, recordemos, por último, que la participación guarda una estrecha relación con el resto de los derechos fundamentales de una persona y que cuando es plena y efectiva puede servir como herramienta de transformación social y promover el empoderamiento y la capacidad de actuar de las personas con discapacidad[17]. Personas que refuerzan su capacidad de negociar, de defender sus derechos y que las empodera para que puedan expresar sus pareceres de forma más firme, para que hagan realidad aquello a lo que aspiran y para que fortalezcan su voz. El Estado que garantiza esta participación es además más transparente, rinde cuentas mejor y consigue ser

---

14 Real Decreto 193/2023, de 21 de marzo, por el que se regulan las condiciones básicas de accesibilidad y no discriminación de las personas con discapacidad para el acceso y utilización de los bienes y servicios a disposición de público.

15 Observación general núm. 7 (2018) sobre la participación de las personas con discapacidad…, Op,.cit., párr. 88.

16 Ibídem. Párr. 48.

17 Ibídem. Párr. 22-33.

más eficiente en su estrategia respecto a las personas con discapacidad.

Sea como fuere, parece que España sigue apostando por los derechos de las personas con discapacidad inclusive dejando huella de esta postura, recientemente, en nuestra norma de normas. También parece que, en la consideración jurídica de la discapacidad, la diferencia intra colectivo se está comenzando a visibilizar. Sin embargo, tenemos retos pendientes para seguir mejorando.

III. ESTADO DE LA CUESTIÓN EN LA COMUNITAT VALENCIANA

La Comunitat Valenciana reconoce la particular situación que vive una persona con discapacidad a la hora de ejercer sus derechos en el art. 13 de *l'Estatut d'Autonomia*[18]. Un precepto que no se ha decidido modificar todavía pese al mandato de la Ley valenciana que en 2018 enmendó la manera de referirse al colectivo en la Ley 11/2003 de 10 de abril de la Generalitat sobre el estatuto de las personas con discapacidad.

---

18 Estatut d'Autonomia de la Comunitat Valenciana, LO 5/1982 de 1 de julio. Art.13:
"*1.La Generalitat, segons la Carta de Drets Socials, garantirà en tot cas a tota persona afectada de discapacitat, el dret a les prestacions públiques necessàries per a assegurar la seua autonomia personal, la seua integració socioprofessional i la seua participació en la vida social de la comunitat.*
2.La Generalitat procurarà a les persones afectades de discapacitat la seua integració per mitjà d'una política d'igualtat d'oportunitats, mitjançant mesures d'acció positiva, i garantirà l'accessibilitat espacial de les instal·lacions, edificis i servicis públics.
3.Les famílies que incloguen persones majors o menors dependents, o en les quals algun dels seus membres estiga afectat per discapacitat que exigisca atencions especials tenen dret a una ajuda de La Generalitat, en la forma que determine la Llei.
4.La Generalitat garantirà l'ús de la llengua de signes pròpia de les persones sordes, que haurà de ser objecte d'ensenyament, protecció i respecte."

De esa manera, la actual redacción del artículo habla en términos ya abandonados como el de persona afectada de discapacidad o de su integración, así como con ideas también superadas como la de que el primer derecho a reconocer a las personas con discapacidad es el de recibir prestaciones públicas en una visión pasiva o que sus familias tengan derecho a una ayuda. Al mismo tiempo y si traemos a colación los argumentos desgranados en el apartado previo de esta investigación, en este precepto sí se realiza una diferenciación entre tipos de discapacidad, cosa que no se hace en el actual artículo 49 de la Constitución española. Pero, del mismo modo que ocurría con la normativa electoral general, opta en este caso tan sólo por hablar de dos tipos de discapacidad que entendemos que en 2006 —cuando se modifica el art. 13— y en 2018 —cuando no se modifica— se consideraban más comunes o en su caso quizás situaciones de mayor vulnerabilidad. En este caso, se hace mención exclusiva a la accesibilidad espacial y de otro lado se garantiza el uso de la lengua de signos para las personas sordas que deberá protegerse y respetarse. Del mismo modo, la *Carta de Drets Socials*[19] a la que en su primer apartado hace alusión el art. 13, no hace concreción alguna y en la misma línea del artículo habla de integración, de ayudas, dedica todo un apartado a hablar sobre la lengua de signos y habla de accesibilidad, pero dice, especialmente de la espacial. Todo pese a que la propia ley de 2018 en su preámbulo reafirma específicamente el hecho de que todas las personas con sus diferentes tipos de discapacidad, sin distinción, tienen que poder ejercer todos sus derechos y libertades. Razón por la que, en su capítulo diez, al hablar de los ajustes razonables, en el art. 70 quater, la ley de 2018 considera que estos ajustes son imprescindibles para en cada caso particular poder ejercer los derechos en igualdad de condiciones con los demás. Cuando dice demás, quizás no sólo debamos entender en relación con las

---

19 Ley 4/2012, de 15 de octubre, por la que se aprueba la Carta de Derechos Sociales de la Comunitat Valenciana. «BOE» núm. 268, de 7 de noviembre de 2012.

demás personas sin discapacidad sino también en relación con las demás personas con otras discapacidades.

De nuevo, en un intento por ser abanderada de los derechos de las personas con discapacidad, el 30 de diciembre de 2024, es aprobada la Ley 8/2024 de la Generalitat, de accesibilidad universal de la Comunitat Valenciana[20]. A ella dedicamos los párrafos siguientes.

En primer lugar, llama la atención que una norma redactada en 2024 y que ha sido modificada incluso en 2025, en su evidente actualidad, haga mención en el preámbulo después de una frase más acertada en el primer párrafo en el que habla de inclusión —copiando la letra del segundo apartado del artículo 49 de la Constitución modificado— a la integración de las personas con discapacidad. También afirma en este mismo espacio que su objetivo es adecuar el ordenamiento jurídico valenciano a la normativa internacional, europea y estatal. En este sentido, el lector podría a estas alturas y de lo comentado hasta aquí saber que no lo consigue o no tanto como pretende porque hay otras normas que modificar, alguna jerárquicamente superior incluso.

En segundo lugar, en el artículo que abre este reciente texto legislativo, se hace referencia al objeto perseguido siendo este el de garantizar el ejercicio efectivo de los derechos en igualdad y no discriminación para una vida autónoma, participativa e independiente de todas las personas, de forma accesible, comprensible y segura con independencia de su condición física, sensorial, intelectual o cognitiva —esto último como si fueran dos circunstancias distintas cuando en otro punto aparecen como sinónimas y puede que dejando fuera la más conocida discapacidad psíquica—. En este sentido, valoramos positivamente que también el tipo de

---

20 LLEI 8/2024, de 30 de desembre, de la Generalitat, d'accessibilitat universal de la Comunitat Valenciana. DOGV 10019, en su versión en vigor desde el 27 de enero de 2025. Como uno de sus descriptores consta "integración social".Puede consultarse en: https://dogv.gva.es/va/eli/es-vc/l/2024/12/30/8 (u.v.31/1/25)

discapacidad como bien menciona el preámbulo en otro punto sea tenido en cuenta a la hora de tratar la accesibilidad para hacerla verdaderamente universal. Sin embargo, si lo comparamos con el artículo 6 que habla de medidas contra la discriminación, comprobamos que se sigue considerando que las personas con discapacidad sólo pueden ser discriminadas respecto a las que no lo son.

El art. 69, en relación con el ya tratado aquí derecho a la participación política, considera necesario dotar no ya a los colegios electorales sino como bien indica su título a todo el proceso electoral de accesibilidad cognitiva, así como espacial, para lograr la accesibilidad universal. En realidad, es tan sólo un ejemplo de cómo esta norma se muestra como un reconocimiento bastante completo de la necesidad de dotar de accesibilidad universal a los distintos espacios que abarcan desde el transporte, los bienes, productos y servicios a disposición del público, las relaciones entre la Administración y la ciudadanía, el empleo hasta las situaciones de crisis o emergencias, entre otros. Cabrá esperar a su desarrollo y puesta en práctica para saber más sobre las medidas y el resultado porque aquí también falta de momento más concreción.

En la actualidad, y para ser coherentes con esta nueva ambiciosa ley, una de las cosas que ya se podría hacer sería dotar de accesibilidad a las páginas web de la Generalitat, aspecto que destaca su art. 22 y que de momento no puede apreciarse. Máxime porque a efectos de adaptaciones el portal de la Generalitat sólo contempla por el momento que el tamaño de las fuentes usadas se adapte según las necesidades del visitante. Al mismo tiempo, y pese a la muy bien intencionada norma que aquí se analiza someramente, los datos son muy importantes para que las políticas se armen y se apliquen de la manera más eficiente y eficaz posible. En esta web aparecen estadísticas sobre la discapacidad que sólo miden las personas que estan en edad de trabajar o en términos generales las clasifican exclusivamente por sexo o edad. Del mismo modo, en el apartado de accesibilidad aparecen el servicio de intérprete en lengua de signos, la tarjeta europea de estacionamiento y las playas y parques accesibles que pueden recibir ayudas para adaptarlos en su medio físico. Las consultas ciudadanas, por último, y en particular la que llevó a la formulación de esta nueva ley, son difíciles de seguir y no cuentan con instrucciones que puedan entenderse ni con información para poder participar oportunamente para una persona con discapacidad, sea la que sea, por ejemplo.

El Estatuto de Autonomía valenciano establece en línea con lo comentado respecto a la Constitución española, el mandato de fomentar la participación de toda la ciudadanía, pero en particular de determinadas personas como es el caso de las personas con discapacidad. Sin embargo, como afirma el profesor Castellanos, esta participación, para ser significativa va a necesitar en el caso de las personas con discapacidad que estas puedan relacionarse con su entorno y cuanto menos intentar desencadenar cambios en el espacio público que además supondrán una mejora de la calidad democrática (Castellanos, 2023). Es cierto que queda camino por recorrer, pero la regulación de la que partimos nos lleva a albergar una prudente esperanza.

IV. REFLEXIONES FINALES

Primera. El escenario actual para los derechos de las personas con discapacidad muestra un avance significativo en el reconocimiento, la consideración y la efectividad de sus derechos. No han sido pocas las iniciativas, políticas, así como las nuevas realidades que el ordenamiento jurídico español ha acogido poco a poco culminando esta nueva manera de entender la discapacidad con la reforma del artículo 49 de la Constitución española.

Segunda. Pese a ello, en esta senda de avance emprendida y que ya ha dado sus frutos, necesitamos seguir teniendo presente una tarea y acometer otra nueva. La primera, a no olvidar, es la necesidad de seguir apostando porque las personas con discapacidad puedan ser lo que quieran ser. Para lograrlo, como cualquier persona, necesitan poder ejercer sus derechos en igualdad de condiciones con las demás personas en sociedad. La segunda, más nueva pero afortunadamente poco a poco más presente, exige cambiar la manera de abordar la posible discriminación de las personas con discapacidad. Puesto que, hoy en día, vivimos en sociedades diversas que protegen y valoran la diversidad que representan a todos los niveles —o lo intentan— y ello no es distinto en el caso de que una persona tenga una discapacidad. Sin embargo, quizás ha pasado más desapercibida la posible discriminación a que puede quedar expuesta una persona con discapacidad en relación con una persona con otro tipo de discapacidad. La homogeneidad con la que históricamente se ha abordado la discapacidad, pese a los avances y a reconocer que existen distintos tipos de discapacidad, se ha trasladado a las medidas que se consideran necesarias para que el colectivo pueda ejercer sus derechos que acaban por ser unas.

Tercera. Es un lugar común afirmar que los derechos no deben abordarse de manera separada y que tratarlos aisladamente difícilmente no tendrá alguna consecuencia. En positivo, esto supondría tener en cuenta que nuestros derechos guardan una relación y dependencia entre ellos y que afectando unos acabamos por afectar al resto. En un ejemplo sencillo, de qué sirve ir a una escuela inclusiva si después el mundo laboral que espera a una persona con discapacidad se encuentra únicamente en un entorno de los llamados protegidos. O, de qué sirve poder trabajar si no se puede participar en aquellos procesos en los que de manera colectiva las personas empleadas hacen llegar sus aspiraciones a la persona que les emplea. En esta relación entre los derechos, aparece como básico el derecho a participar, en todos los ámbitos, derecho y principio que mejora la manera en la que podemos ejercer un derecho y al mismo tiempo, permite que el porcentaje de éxito de las políticas emprendidas sea mayor al contar con datos directos.

Cuarta. La reciente reforma de la Constitución española acomete la actualización no tan sólo de los términos para referirnos al colectivo de las personas con discapacidad sino también de su consideración como objeto del Derecho que tenía la tarea en exclusiva de prevenir, rehabilitar y tratar la discapacidad. Y aunque debemos congratularnos por el logro que supone, hay cuestiones en él con las que no podemos estar de acuerdo en línea con lo comentado. En primer lugar, porque ha sido una oportunidad perdida para dejar constancia de que hay que seguir trabajando por evitar la discriminación de las personas con discapacidad, y, en segundo lugar y a mayor abundamiento, porque colaboramos a dicha discriminación usando términos como especial o tan sólo hablando de niñas y mujeres con discapacidad. En cuanto a los términos, desconocemos la razón, en cuanto a la especificación de la mujer en todas sus edades, aunque estamos de acuerdo, pensamos que en la actualidad tan sólo especificar como merecedor de una específica protección este factor, deja fuera muchos otros y es reduccionista.

Quinta. En el ámbito de la participación, la participación política y en particular el derecho de voto ha sido uno de los derecho que recientemente ha experimentado una evolución más patente. En 2018 la LOREG dejó en el pasado la opción legislativa previa de poder escoger quién podía ejercer este derecho y quién no, sin una aparente justificación legítima y objetiva. No obstante, en esta reforma, se dejaron cabos sueltos que impiden que hoy en día las personas para las que dicha reforma se llevó a cabo puedan ejercer su derecho en verdadera igualdad de condiciones con las demás. De una parte, por la falta de accesibilidad universal y de una definición menos tibia de lo que supone esta o los ajustes razonables. De otra, por falta de diferenciación intra colectivo.

Sexta. La Comunitat Valenciana se presenta como abanderada de los derechos de las personas con discapacidad siendo pionera en cuestiones como la terminología utilizada para referirse al colectivo, antes incluso de que lo hiciera nuestra Constitución. No obstante, ya en aquel momento hubo normas que no se modificaron y cuya reforma sigue siendo una tarea pendiente. Recientemente, se ha aprobado una nueva ley que trata la accesibilidad universal en la Comunitat Valenciana, bastante exhaustiva, aunque falta de concreción que facilite su mejor aplicación y comprensión. Cabrá esperar ahora para ver cuáles son los frutos de este esperado y ambicioso proyecto para determinar si es posible revalidar el título que logramos en 2018.

V. REFERENCIAS BIBLIOGRÁFICAS

Buchardó Parra, A. y Palomares Herrera, M.(2022). "Si no estás en la mesa estás en el menú: el derecho a la participación política de las personas con discapacidad en España" en Torres Fernández, C., Jerez Rivero, W., De la Serna Tuya, J.M. y García Vidal, M. (Eds.), *Avances y prospectiva en la protección jurídico-social de las personas en condición de vulnerabilidad.* Dykinson.

Buchardó Parra, A. (2023). "Revisión del art. 13 de l'Estatut d'Autonomia de la Comunitat Valenciana a la luz de los compromisos internacionales de España en materia de discapacidad", en Castellanos Claramunt, J. (Dir.), *Balance y análisis tras 40 años del Estatuto de Autonomía de la Comunitat Valenciana.* Tirant lo Blanch.

Castellanos Claramunt, J. (2023). "Estudio de la afectación participativa del Estatuto de Autonomía de la Comunitat Valenciana en su cuadragésimo aniversario", en el mismo autor *Balance y análisis tras 40 años del Estatuto de Autonomía de la Comunitat Valenciana.* Tirant lo Blanch.

Comité sobre los Derechos de las Personas con Discapacidad de las Naciones Unidas. Observación general núm. 7 (2018) sobre la participación de las personas con discapacidad, incluidos los niños y las niñas con discapacidad, a través de las organizaciones que las representan, en la aplicación y el seguimiento de la Convención. CRPD/C/GC/7 Aprobada por el Comité el 21 de septiembre de 2018.

Comité sobre los Derechos de las Personas con Discapacidad de las Naciones Unidas. Observación general núm. 8 (2022) sobre el derecho de las personas con discapacidad al trabajo y al empleo. CRPD/C/GC/8 Aprobada por el Comité el 9 de septiembre de 2022.

Estatut d'Autonomia de la Comunitat Valenciana, LO 5/1982 de 1 de julio

European Union Agency for Fundamental Rights, "Partidos políticos. Los votos de las personas con discapacidad también cuentan", *Oficina de Publicaciones de la Unión Europea,* Luxemburgo, 2015, doi:10.2811/87154.

Gálvez Muñoz, L.A. (2020). "Una visión crítica de la Ley orgánica 2/2018, de 5 de diciembre de reforma de la LOREG para garantizar el derecho de sufragio de todas las personas con discapacidad". *Revista de Derecho Político,* (109), 15-45.

INE, Discapacidad. Cifras relativas, Dificultades en las últimas elecciones para ejercer el derecho al voto por sexo y grupo de discapacidad. Población de 18 y más años con discapacidad. https://www.ine.es/jaxi/Datos.htm?tpx=51918#_tabs-tabla (u.v. 31/1/25).

Leturia Navaroa, A.(2006). "El derecho a la participación educativa a la luz de la LOE". Laicidad y Libertades, (6), 169-217.

Ley Orgánica 5/1985, de 19 de junio del Régimen Electoral General. BOE nº147, de 20/6/85. Modificada por la Ley Orgánica 2/2018, de 5 de diciembre, para la modificación de la Ley Orgánica 5/1985, de 19 de junio, del Régimen Electoral General para garantizar el derecho de sufragio de todas las personas con discapacidad.

Ley 4/2012, de 15 de octubre, por la que se aprueba la Carta de Derechos Sociales de la Comunitat Valenciana. «BOE» núm. 268, de 7 de noviembre de 2012.

Ley 6/2022, de 31 de marzo, de modificación del Texto Refundido de la Ley General de derechos de las personas con discapacidad y de su inclusión social, aprobado por el Real Decreto Legislativo 1/2013, de 29 de noviembre, para establecer y regular la accesibilidad cognitiva y sus condiciones de exigencia y aplicación.

LLEI 8/2024, de 30 de desembre, de la Generalitat, d'accessibilitat universal de la Comunitat Valenciana. DOGV 10019, en su versión en vigor desde el 27 de enero de 2025.

Real Decreto Legislativo 1/2013, de 29 de novembre, por el que se aprueba el Texto Refundido de la Ley General de derechos de las personas con discapacidad y de su inclusión social.

Real Decreto 193/2023, de 21 de marzo, por el que se regulan las condiciones básicas de accesibilidad y no discriminación de las personas con discapacidad para el acceso y utilización de los bienes y Servicios a disposición de público.

Pérez Alberdi, M. de los R. (2021). "Los derechos de participación política de las personas con discapacidad". *Lex Social: Revista De Derechos Sociales,* 9(1), 83-107.

Sánchez Muñoz, O. (2020). "Cuestiones no resueltas sobre el derecho de voto de las personas con discapacidad", *Revista de Derecho Político,* (109), 47-72.